KB233346

교회됨의 윤리

하우어워스의 교회윤리 연구

문시영은 숭실대 철학과와 同 대학원 석사 및 박사과정을 마치고 장로회신학대학원을 졸업했으며 아우구스티누스의 윤리를 연구하여 철학박사 학위를 취득했다. University of Chicago, Emory University에서 Visiting Scholar로 연구했으며 풀러신학교에서도 수학했다. 샘솟는 교회 개척목회, 소망교회 청년부 교육목사, 국가생명윤리위원회 전문위원, 한국기독교사회윤리학회장 등을 역임했다. 현재 남서울대학교 교수(교목실장)이며 은혜중심의 교회윤리를 위한 새세대 교회윤리연구소장으로 섬기고 있다. 기독교윤리학 분야의 여러 저서 및 역서와 학술논문을 집필했고, 특히 하우어워스의 *A Community of Character*를 번역한 『교회됨』은 교회윤리에 관한 깊은 관심을 상징한다.

교회됨의 윤리

하우어워스의 교회윤리 연구

초판 인쇄 2013년 7월 25일
초판 발행 2013년 7월 30일

지은이   문시영
펴낸이   이찬규
펴낸곳   북코리아
등록번호 제03-01240호
주소   462-807 경기도 성남시 중원구 상대원동 146-8
      우림2차 A동 1007호
전화   02)704-7840
팩스   02)704-7848
이메일   sunhaksa@korea.com
홈페이지 www.bookorea.co.kr
ISBN 978-89-6324-326-9 (93230)

값 17,000원

교회됨의 윤리

하우어워스의 교회윤리 연구

문시영 지음

북코리아

contents

Part I

1. '교회됨'을 요청하다

2. 교회됨을 통한 교회개혁

1. '교회됨'을 요청하다

✝ 교회되지 못하고 있다

교회됨, 그것이 이 책의 핵심가치이다. 또한, 하우어워스(Stanley Hauerwas)의 한국적 읽기를 위한 시도이다.[1] '교회윤리'(ecclesial ethics)라는 별명을 가진 하우어워스의 윤리에는 교회에 대한 강조가 자리 잡고 있다. 그에 따르면, 교회의 책무는 교회되는 것이며, 교회로 교회되게 하는 것이다.

이 책에서 하우어워스에게 초점을 맞추는 이유는 이것 이상의 다른 것이 아니다. 하우어워스를 칭송하지 못해 안달이 난 것도 아니고, 그의 신학사상에 대한 무비판적 소개에 혈안이 된 것도 아니다.

솔직히, 한국의 시민사회에서 교회다운 교회가 그리운 오늘의 시대상과 교회의 부끄러운 자화상은 교회의 교회됨을 절실하게 요구하고 있다. 말하자면, 교회다움이 그립고 교회됨이 절실한 시대를 우리는 살고 있다. 특히 시민사회에서 교회의 현주소는 곤혹스러움의 자리일 가능성이 높다는 점에 안타까움이 크다.

한국교회는 구원의 방주를 자부하면서 민족사의 중요한 대목마다 영적 지도력을 발휘해온 한국교회는 교회성장의 걸출한 기록들을 남겼으나, 지금 대내외적으로 혹독한 비판에 직면하여 있다. 기독교신앙을 가진 것이 자랑스럽고 행복해야 하건만, '어딘가 잘못된 사람들'로 내몰리고 있는 것은 아닌지 염려스러울 정도이다.

안타깝게도, 교회의 영향력은 곤두박질치고 있다. 통계청이 발표한 '인구주택 총 조사 전수집계 결과'에서 전체 종교인구는 증가하는 추세이지만, 개신교 인구는 감소하고 천주교 인구가 대폭 증가하고 있다는 소식은 기독교 신앙인 모두에게 그다지 좋은 소식이 아니었다.[2]

공신력을 앞세우는 국가기관의 통계자료를 둘러싸고 개신교 안에서 관점에 따라 의견이 분분하다. 무시해도 좋을만한 숫자라는 사람들, 이단과 사이비도 개신교 인구에 포함되는 조사방식의 문제를 지적하는 사람들, 타종교 인구에 허수가 많다는 사람들, 그리고 개신교의 심각한 자기성찰이 필요하다는 사람들에 이르기까지 다양한 반응들이 나오고 있다.

어느 조사에 따르면, 목회자들은 한국교회의 성장둔화 현상을 극복하기 위해 도덕성을 회복하고 영적 리더십을 겸비해야 한다고 생각하는 것으로 나타났다.[3] 또한 어느 시민단체의 대표 격에 해당하는 인사는 이미 오래전부터 한국교회의 성장둔화에는 교회의 도덕성 약화가 큰 원인이 되고 있다는 지적을 지속적으로 제안하기도 했다.

그런가하면 목회자의 윤리의식을 교회성장과 연관 짓는 이야기가 전혀 없었던 것은 아니어서, 목회자의 윤리의식이 둔화되면 교회성장도 둔화된다는 의견도 있었다.[4]

모처럼 교회가 윤리에 대해 관심을 가지기 시작했다는 사실은 매우 의미 있는 변화이다. 그러나 위기를 해석하는 과정에서 면피를 위한 도구로 윤리를 말하는 것이라면, 그것처럼 부도덕한 일은 없을 것이다.

교회의 윤리를 말하는 것은 하나님의 뜻을 구현하겠다는 책임의식에서 비롯되어야 마땅하다. 무엇보다도, 교회에 대한 윤리적인 관심을 말할 때, 교회의 미래에 관한 비전을 줄 수 있어야 한다.

하지만, 교회윤리의 모색에 걸림돌이 있다. 한국사회에 교회에 대한 부정적 이미지가 팽배해 있다는 점은 결코 간단한 문제가 아니다. 교회를 바라보는 눈은 싸늘하다 못해 안티적이다. 기독교신앙인과 교회를 미워하는 지경에 이르고 있는 셈이다. 심지어 교인들마저도 교회를 향한 도덕지수를 높게 주지 않는 형편이다. 대형교회들이 사고나 치지 않았으면 좋겠다는 식으로 냉소적이다.

심지어 이제까지 교회가 수행해온 아름다운 일들까지 매도되곤 한다. 돌이켜 보면, 한국교회는 사회가 알아주지 않는 곳에서 사회봉사에 최선을 다해 왔다. 인권문제에 있어서, 사회 사각지대의 소외된 이웃들을 돌보는 일에 교회만큼 앞장서 헌신해온 경우도 그리 많지는 않다. 그럼에도 불구하고, 시민사회는 교회를 기복신앙, 이기주의에 물든 광신집단으로 몰아가는 일에 서슴지 않는다.

사회봉사와 사회참여를 힘쓰고 있음에도 불구하고 교회가 일방적으로 매도당해야 하는 이유를 가늠하기는 쉽지 않다. 더구나 문제가 되는 것은 기독교 헐뜯기에 집착하는 일부 네티즌과 안티세력의 비판이 교회혐오로 이어지고 있는 현실이다. 교회가 시민사회 안에서 바로서기를 바라는 마음에서 우러난 것이라기보다 비판을 위한 비판, 그리고 무차별적인 기독교혐오에 이르고 있다.

그렇다고 해서, 교회의 사명을 포기할 수는 없다. 오히려 교회가 사회를 바라보는 관점이 차원을 달리해야 할 때가 되었다. 교회가 이제까지 헌신해온 보이지 않는 봉사는 앞으로도 지속해야 할 사명이지만, 그것은 정책당국이 해결하지 못하는 부분들을 보완하는 보조적 역할에 그칠 것이 아니라 교회만의 독특한 정체성을 확립하는 일로 이어져야 할 것이다.

이러한 뜻에서, 교회는 현세적 지평을 넘어서는 독특한 삶을 보여주어야 한다. 사회가 흉내 낼 수 없는 탁월성을 보여줄 수 있어야 한다. 교회는 은혜중심성을 바탕으로 하는 은혜공동체이어야 한다. 중요한 것은 교회되지 못함에 대한 비판에 함몰될 것이 아니라, 교회 안에서 답을 찾아내는 것이다. 은혜만능주의에 흘러가자는 뜻이 아니다. '교회에 대한 진정한 긍휼'이 필요하다. 복음적 정체성을 가진 교회가 될 수 있도록 말이다.

오래된 아파트를 리모델링하듯, 정작 리모델링이 필요한 분야는 기독교윤리가 아닐까 싶다. 대부분, 기독교윤리에 대한 이미지는 '질책', '비난', 그리고 '정죄'와 '폭로'와 같은 단어들로 다가오기 쉽다. 실제로 기독교윤리학자들 중에도 그것이 본질이라고 생각하는 분들이 있는 것을 보면, 기독교윤리에 대한 왜곡 혹은 편향된 인식의 가능성이 꽤나 큰 것 같다.

과연 그럴까? 그래야만 윤리적인 것일까? 고개가 갸우뚱해지는 대목이다. 윤리의 역할 중에 도덕적 비난을 통해 잘못을 교정하고자 하는 부분이 있는 것은 사실이지만, 그것이 윤리의 전부는 아니라고 생각되기 때문이다.

적어도, 윤리에는 비난을 통한 예언자적 기능 외에 공동체를 세우고 덕스러움을 말하는 기능 또한 중요한 몫으로 작용해야 마땅하다. 혹은 교회와 신앙에 대한 은혜의 윤리, 긍휼의 윤리를 회복해야 한다는 뜻이다. 문제는 균형이 깨진 것이다. 말하자면, 도덕적 교정의 기능과 도덕적 성숙의 기능 중에서 어느 한 쪽 기능이 기형적으로 비대해진 셈이다.

이따금 교회들의 요청을 받아 설교를 마치고 내려오면, '의외'라는 반응들이 있는 것을 느끼곤 한다. 윤리학자의 설교인 만큼, 아마도 강력한 비난과 호된 질책의 목소리가 담겨 있으리라 조바심이 났었다고 하는 경우도 간혹 있다. 내심 설교초청에 대한 부담이 있었다는 이야기 같다.

그럴 때면, 이런 생각을 해 본다. 아마도 한국적 맥락에서, '윤리'

에 대한 생각들이 일그러져 있구나하는 생각 말이다. 으레 질책하고 혼내는 기능에 너무 길들여져 있다는 인상이 짙다. '사실은 그렇지 않은데…' 하는 아쉬움이 찾아오는 대목이기도 하다. 과연 기독교윤리는 교회와 신앙인들을 향해 일점일획도 실수 없는 사람들이, 자신들처럼 딱 부러진 생활을 하라고 질책하는 것이어야 할까? 한 사람의 기독교윤리학자로서, 아쉬움이 크다.

한국의 기독교윤리는 교회와 신앙인들을 향해 '좋은 이야기'를 해주는 기능까지 회복해야 마땅하다. 균형을 맞추자는 것이다. 문제는 그렇지 못한 우리의 부도덕한 현실, 그리고 거기에서 풍겨난 기독교윤리에 대한 편향적 이미지에 있다. 이러한 의미에서, 정작 리모델링이 필요한 분야는 기독교윤리가 아닐까 싶다. 질책과 비난과 정죄와 심판을 말하는 윤리이기보다 긍휼과 은혜의 윤리, 그리고 교회의 윤리적 성숙을 말하는 윤리이어야 하지 않을까.

기독교윤리가 '좋은 이야기를 하고 싶다'고 할 때, 기독교윤리의 언어들을 비난과 정죄와 심판의 표현 대신 좋은 이야기로 채우고 싶다는 뜻이다. 하지만 그것은 어설픈 적당주의로 왜곡된 은혜만능주의를 뜻하지 않는다. '좋은 게 좋은 거'라고 대충 넘어가자는 말은 더더구나 아니다. 듣기에 좋은 말로 사탕발림하는 것 자체가 윤리적일 수 없지 않은가. 기독교윤리의 예언자적 기능 외에 공동체를 위한 윤리, 사람을 살려내고 교회를 바로 세우는 윤리를 회복하자는 뜻이다.

이러한 기독교윤리 리모델링에서 가장 중요한 요소는 '교회'에 대한 관심이다. 따지고 보면, 교회가 있기에 윤리가 있는 것 아닐까.

교회를 떠난 기독교윤리는 공허하고 기독교윤리 없는 교회는 무기력하다.

그렇다면, 교회란 무엇인가? 은혜공동체이다. 은혜로 부르심을 받은 자들의 공동체이며 은혜의 세계관을 구현하는 곳이요 날마다 은혜로 새로워지는 공동체이다. 이렇게 보면, 교회와 윤리의 관계를 이렇게 정리할 수 있겠다. '은혜가 있기에 교회가 있고 교회가 있기에 윤리가 있다.' 한 마디로, 기독교윤리의 설 자리는 교회요 은혜이다.

사실, 신앙인이 관심을 가져야 할 분야는 정말 많다. 이것저것 어느 하나 소중하지 않은 것이 없다. 그 많은 관심거리 중에 윤리의 중요성에 대한 관심을 포함시킬 수 있다면, 그것만으로도 꽤나 의미가 있는 일이다. 더욱이 시민사회 한 복판에서 교회가 더 이상 시비 걸려 예수 내러티브의 가치가 평가절하 되는 일은 없어야 할 것이다. 문제는 대부분 교회를 '문제상황'으로 인식한 나머지 비난과 질책으로 가득 찬 어두운 분위기가 더 짙어지고 있다는 점이다.

하지만, 기독교윤리에 어두운 이야기만 있는 것은 분명 아니다. 기독교윤리를 밝은 이야기, 좋은 이야기로 채울 수 있다는 희망을 버려서는 안 된다. 이를 위해서는 가장 먼저 교회에 대한 새로운 인식, 즉 좋은 이야기 공동체요 은혜공동체로서의 교회에 대한 인식이 새로워질 필요가 있다.

교회비판을 멈추고 교회의 윤리적 성숙을 말해야 한다는 점을 강조하고 싶을 따름이다. 냉소적 비판이 곧 윤리의 전부인 것은 아니요, 우리가 궁극적으로 추구하는 것은 성숙한 윤리를 지닌 교회이기 때문이다. 철학자 밀(J. S. Mill)이 도덕적 비난과 책임귀속이 필요한 이유에 대해 행위의 교정 혹은 예방을 위해 필요하다고 말했던 대목을 읽은 기억이 난다. 나름대로 의미 있는 주장임에 틀림없다. 실제로, 도덕적 비난이 꼭 필요한 경우도 없지 않다.

다만, 한 가지 생각해야 할 것이 있다. 비난의 습관화로 이어져서는 곤란하다는 점이다. 그것이 결과적으로 남에 대한 비난(other blame)에 고착된다면, 도덕적 교정과 사회적 예방효과보다는 도덕 불감증으로 이어질 가능성이 없지 않아 보인다.

비판일변도의 윤리로는 자칫 교회를 비판에 익숙해진 공동체로 만들기 쉽다. 혹은 비판을 무시하거나 귀담아 듣지 않으려는 경향을 낳을 수 있다. 그것은 오히려 교회의 윤리적 성숙을 더욱 요원하게 만드는 어리석음일지 모른다.

바라기는, 기독교윤리를 통해 좋은 이야기, 따듯한 이야기를 듣고 싶다. 제발 우리들 스스로 '교회에 자정능력 자체가 고갈되었다'고 하지 않았으면 좋겠다. 어찌 보면, 그것은 복음과 은혜에 대한 과소평가일 수 있다. 확신하건대, 지금도 주께서 일하고 계신다. 개인의 윤리적 성숙을 위하여, 은혜공동체 교회의 윤리적 성숙을 위하여 말이다.

이러한 근거에서, 기독교윤리가 따듯한 이야기를 더 많이 할 수 있는 날이 올 수 있으리라는 조심스러운 기대를 가져본다. 아마도 그 날은 한국교회가 윤리적 성숙을 통해 시민사회에 대한 윤리적 영향력을 회복하고 복음에 충실한 교회가 되는 날일 것이다. 그 날이 속히 오기를 바라며, 기독교윤리의 진정한 리모델링과 우리들 윤리의식의 탁월한 리모델링을 기대해 본다.

✝ 교회로 교회되게 하라

교회와 윤리의 관계에 대한 탁월한 관점이 하우어워스에게서 나타난다. 그의 윤리는 교회에 대한 애착이 듬뿍 묻어난다. 교회윤리라는 별명을 가진 하우어워스의 관점에 따르면, 기독교윤리는 교회의 윤리이어야 한다. 단적으로, 그는 교회를 탁월한 윤리적 성숙의 훈련장이라고 한다. 신앙인은 교회를 통해 훈련받고 윤리적 성숙을 이루어야 한다는 것이다. 교회 안에 신앙인의 정체성이 자리하기 때문이다. 하우어워스의 표현으로 하자면, 신앙인의 정체성은 교회가 지닌 이야기, 즉 예수 내러티브(Jesus Narrative)를 통해 규정되어야 한다.

그렇다면, 예수 내러티브란 무엇인가? 하우어워스의 초점은 예수께서 평화를 말씀하시고 실천하신 대목에 맞추어진다. 신앙인이라면, 당연히 예수께서 보이신 본을 따라 평화의 사람이 되어야 마땅하며 그것이 곧 기독교윤리의 본질이라는 것이다.

신앙인은 교회 안에서 평화를 위한 훈련을 받음으로써 교회를 탁월한 윤리를 지닌 공동체로 세워가야 한다. 계몽주의적 자유에 기반한 시민사회를 향하여 이래라 저래라 하기보다는 교회부터 먼저 예수께서 실천하신 평화를 훈련하고 성숙되어야 한다는 뜻이다. 그의 윤리적 비전에는 교회 안에서부터 복음에 충실해야 하고, 신앙인이 교회 안에서 평화의 복음을 따라 훈련받고 성숙되면 시민사회가 교회를 본받게 될 것이라는 확신이 자리 잡고 있다.

이러한 확신은 교회 안에 있는 아름다운 이야기에서 비롯되었을 것이다. 예수 내러티브, 그것이야말로 가장 좋은 이야기요 마땅히 훈련받고 실천해야 할 가르침이요, 신앙인의 정체성을 보여주는 근간이어야 한다. 생각해 보라. 우리에게 '예수 내러티브'보다 더 좋은 이야기가 있겠는가? 세상의 그 어떤 감동적인 이야기도 교회가 고백하는 예수께 대한 신앙보다 아름다울 수 없다.

하지만, 교회가 마땅히 예수께서 가르치신 삶을 본받고 따르며 실천해야 함에도 불구하고 그렇지 못할 때, 좋은 이야기는 좋지 않은 이야기로 변질되고 만다. 좋은 이야기의 공동체가 좋지 않은 이야기를 쏟아낼 때, 교회는 교회일 수 없으며 심각한 위기에 놓이고 말 것이다.

뒤집어 말하자면, 교회로 교회되게 하는 지름길은 특별한 노하우에 있지 않다. 예수 내러티브에 충실한 공동체가 되는 것이다. 좋은 이야기의 공동체가 되어야 한다는 뜻이다. 교회로 하여금 '산 위에 있는 동네'가 되게 하는 노력이 필요하다는 제안인 듯싶다. 이 점에서, 우리는 하우어워스의 관점을 '교회로 교회되게 하는 윤리'라고 부를 수 있겠다.

안타깝게도, 기독교윤리가 아무리 좋은 이야기를 하고 싶어도 교회의 현실은 그렇지 못한 듯싶다. 특히 본격적인 시민사회로 진입한 한국적 맥락에서, 교회를 향한 시비는 그칠 기미가 보이지 않는다. 목회자납세논란, 재정투명성에 관한 요구, 심지어 교회의 주차문제와 주차장 갈등에 이르기까지 사사건건 시비가 넘친다.

마치 교회가 시민사회의 시비 거리를 양산하고 있는 것만 같은 인상을 준다. 아니면 시민사회가 너무나 친절하게도 교회의 문제들에까지 관심이 과잉한 탓일지 모른다.

어쨌든 시민적 투명성을 비롯한 시민사회의 교회에 대한 일방적

여론재판에 흐르지 말아야 한다는 전제에서, 교회는 그들의 관심에 책임적으로 응답해야 할 것이다. 교회 자체가 영원을 바라보는 은혜공동체인 동시에 시민사회 속에 세워져 있기 때문이다.

그래서인지, 한국교회의 윤리를 다루는 글들을 보면, 마치 응급실에 후송되어 온 응급환자를 보는 장면이 떠오를 것만 같다. 단골로 등장하는 '위기', '안티', '비관적 상황', '천덕꾸러기'와 같은 말들은 한국의 교회가 처한 윤리적 현실을 반증하는 듯하다. 어쩌면 시민의식이 각성될수록, 시민사회는 교회를 가만 놔두지 않을 것만 같다.

무르익어가는 시민사회 속에서, 교회는 이래저래 곤혹스럽다. 이런저런 부정적인 이야기들을 듣고 있노라면, 솔직히 마음이 무겁다. 따지고 보면, 우리가 자성해야 할 대목도 있다. 교회가 시민적 공공성에 미숙해서 생겨난 일도 분명히 있다.

어쨌든, 이 모든 이야기들의 배경에, 교회가 교회되지 못하는 것에 대한 반향이 자리하고 있는 듯싶다. 하우어워스가 말하는 예수 내러티브에 충실하지 못한 모습과 좋은 이야기를 생산하지 못하는 모습이 어우러진 결과가 아닐까.

교회가 들려주는 이야기들이 아름답지 못하거나 좋은 감동을 주지 못할 때, 시민사회가 교회를 가만두지 않을 것은 불을 보듯 뻔하다. 교회에서 좋지 않은 이야기가 새어 나올 때, 시민사회는 더 이상 교회를 배려하지 않을 것이다. 교회를 향하여 끝없는 시비와 논란, 그리고 질책하는 비난의 소리들이 봇물 터지듯 넘쳐나게 될 것이다.

어쩌면 이제까지의 시비는 전초전에 불과했는지도 모른다. 더 많은, 더 심각한, 더 참기 어려운 시비들이 시민사회로부터 교회를 향하여 밀려들지도 모른다. 기독교윤리가 교회에 관심을 가져야 하는 이유가 여기에 있다. 교회의 윤리를 세워야 하는 이유 또한 여기에 있다. 또한 신앙인의 윤리적 성숙을 말해야 하는 이유가 되기도 한다.

한국교회가 시민적 지탄을 극복하고 교회의 부흥을 꿈꾸고 있다는 점은 그나마 다행스러운 일이다. 현실에 안주하지 않고 교회의 바람직한 모습을 구현하기 위한 부단한 자기갱신을 위해 노력한다는 것을 상징하기 때문이다.

그러나 간과하지 말아야 할 것이 있다. 부흥이란 인위적인 프로그램을 통해 성취되는 것이 아니라, 하나님께서 허락하셔야 한다는 사실이다. 굳이 따지자면, '부흥'과 '부흥운동'은 구분되어야 한다. 그리고 인위적인 부흥운동보다 교회로 교회되게 하는 것이야말로 진정한 부흥의 길이라는 점 또한 잊지 말아야 할 것이다.

교회가 실천적 관심을 가져야 할 부분은 교회로 교회되게 하는 노력이다. 이를테면, 교세위주의 사고방식은 교회의 교회됨에 속하지 않는 일이다. 게다가 교세를 말하는 과정에 상당한 거품이 상존한다는 점 역시 문제이다. 수에 의존하여 교회를 말하는 것은 허위의식을 낳을 수 있고 은혜공동체로서의 교회를 물량주의적 관점에서 왜곡하는 결과를 낳을 것이기 때문이다. 이는 교회의 부흥을 염원하는 한국교회의 성숙에도 도움이 되지 않는다.

한국교회가 진정한 부흥을 원한다면, 부흥운동 이전에 교회 안에서 정직을 실천하는 회개의 움직임이 있어야 한다. 가령, 개신교 인구가 감소했다는 통계청의 종교인구조사결과에 실망하여 그 신뢰성을 논하기 앞서 교회에서부터 통계상의 거품을 빼야 할 것이다. 굳이 통계를 말해야 한다면 출석교인 수를 기준으로 삼는 정직한 통계로부터 시작하는 것도 좋은 방법이 되리라 본다.

그러나 우리가 무엇보다도 강조하고자 하는 것은 교회공동체에 윤리적 비전을 심어주자는 것이다. 교회에 대한 비난과 정죄로 일관된 안티적 세태에서 신앙인으로서의 자부심을 심어주고 목회자와 신앙인을 격려하는 비전을 심어주어야 한다.

말하자면, 본질적으로 우리에게 필요한 것은 교회로 교회되게 하는 노력(let the church be the church)이다. 안티 분위기가 팽배한 사회에 희망적 대안을 주기 이전에 교회 안에서부터 윤리의식을 바로 세우고 복음적 가치관과 삶의 자세를 확립하는 일이 중요하다는 뜻이다. 이 책을 통해 하우어워스의 『교회됨』(A Community of Character)을 중심으로 교회의 교회됨을 집중적으로 성찰하려는 이유가 바로 이것이다.

1. 솔직히, 하우어워스의 요점을 '교회됨'으로 요약하는 것은 자칫 하우어워스를 왜곡하는 것이 될 수 있음을 부인하지 않겠다. 특히, 하우어워스가 평화의 중요성을 강조한 것을 소홀히 다루면서까지 교회됨을 강조하려는 것은 한국적 읽기의 단면을 담고 있는 셈이다.

2. 동아일보(2006.5.26) 기사 참조

3. 국민일보(2006.7.21) 기사 참조. 한국기독교목회자협의회의 조사결과를 참조하였음

4. '목회자의 윤리와 교회성장'. 〈교회성장 가이드〉(교회성장연구소. 1993.10)를 참고하였음

2. 교회됨을 통한 교회개혁

'엄마가 좋아?, 아빠가 좋아?' 그것만큼 어리석은 질문도 없지만, 아이에게는 그것만큼 어려운 질문도 없다. '엄마, 아빠' 혹은 '둘 다'라는 쉬운 답이 쉽게 나오지 않는 것을 보면 말이다. 비슷한 경우로, '안팎'이라는 말이 있다. 안과 밖을 아우르는 말인 듯싶은데, 쓰임새가 아주 좋다. 안이 중요한가 혹은 밖이 중요한가 물을 때, 두 가지 모두를 선택할 수 있게 한다.

기독교윤리가 필요하고 또한 중요하다는 전제에서, 윤리를 교회 안에서 세워야 하느냐 혹은 교회 밖으로 윤리적 실천을 보여야 하느냐 묻는 경우를 생각해 보자. 두말할 필요도 없이 교회 안팎으로 윤리적이어야 한다. 너무나 당연하다고 할지 모르겠다. 조금 더 살펴보면, 그리 간단하지는 않다.

교회는 시민사회의 여러 문제들에 대해 방향을 제시하고 정책에 참여하는 것이 옳은가? 혹은 교회의 자기성찰을 통해 성숙한 삶의 본보기가 되어야 하는가? 시민사회가 교회에 윤리적 문제가 있다고 소환장을 보내올 때, 교회는 움츠려 자기방어에 급급해야 하는가? 혹은 당당하게 시민사회를 향해 목소리를 내야 하는가? 교회는 시민사회를 능가하는 초월적 진리에 충실하기만 하면 되는가? 혹은 초월의 가치관으로 시민사회를 섬겨야 하는가? 교회 안에서부터 복음과 윤리에 충실해야 하는가? 혹은 교회 밖으로 사회를 윤리적이게 하는 일에 참여해야 하는가? 이 질문들의 답은 하나다. '교회 안팎으로' 윤리적이어야 한다.

'개혁된 교회는 항상 개혁되어야 한다.'(Ecclesia reformata semper reformanda est) 이는 16세기 종교개혁자들의 통찰인 동시에 오늘의 한국교회를 향한 문제의식으로 작동되어야 마땅하다. 문제는 어떤 방식으로 교회개혁을 구현할 것인가 하는 점이다. 크게 두 가지 관점을 생각해 볼 수 있다. 공공신학(Public Theology)과 교회윤리(Ecclesial Ethics)가 그것이다.

✝ 공공신학, '공공성'을 강조하다

교회의 윤리적 당위에 관해 공공신학은 교회의 공공성(Publicness)을 함양해야 한다고 주장한다. 공공신학이 추구하는 교회는 'ecclesia publica'일 듯싶다.[1] 교회의 공공성을 강조한다는 뜻이다. 공공신학을 말할 때, 후버(W. Huber)가 중심이 되는 독일과 유럽의 공공신학을 놓치지 않는 것은 매우 중요하다. '미국신학'

(American Theology)이라는 꼬리표가 붙어 다니는 스택하우스(Max L. Stackhouse)에게 관심을 갖는 것은 하우어워스의 '교회윤리'와 카운터파트의 관계를 형성하고 있기 때문이다.

마틴 마티(Martin Marty)가 이름 붙였다고 알려진 공공신학은 시민사회에 대한 사회참여와 정책대안 등을 제시하는 방식으로 교회의 공공성을 모색한다는 점에서, 세계(세상) 혹은 사회를 향한 적극적 행보를 대변해준다. 혹은 하나님 나라의 일반은총 영역인 글로벌 시민사회에 적극적으로 참여함으로써 기독교의 진리를 구현하기를 요청했다는 점에서, 교회의 대(對)사회적 책임을 새삼 일깨워 주었다고 평가할 수 있겠다.

공공신학에 대한 평가에서 주목해야 할 것은 '교회'에 대한 관심을 놓치지 않는다는 점이다. 일반적으로, 교회의 사회적 책임 혹은 공공성에 대한 논의들이 사회적 맥락과 이슈들에 대한 관심을 강조하는 와중에 교회에 대한 성찰을 간과하기 쉽다.

하지만, 스택하우스의 공공신학이 강조한 것은 '글로벌 시민사회와 글로벌 이슈'들이라기보다 '교회의 공공성'이었다. 말하자면, 기독교의 사회적 책임을 강조할 때 교회를 베이스캠프로 삼았다는 사실에 유의해야 할 것이다.

한 가지, 짚고 넘어갈 것은 교회를 말하는 맥락이 전통적인 신학 분과로서의 교회론을 재론하려는 것이 아니라는 점이다. 오히려 교회의 윤리적 당위와 과제를 말하는 것이라는 점에서, 기존의 설명을 군이 대입하자면 교회와 사회의 관계설정에 관한 논의에 가깝다고 할 수 있다.

그러나 좀 더 정확하게는 교회가 윤리적으로 어떤 관심을 지녀야 하는지 혹은 교회가 해야 할 윤리적 과제는 무엇인가를 성찰하려는 것이라고 해야 할 듯싶다. 이것은 '공공신학'과 '교회윤리'가 근본적으로 전혀 다른 관심사를 가진 것이 아니라, 두 관점 모두가 '교회'를 위한 윤리적 관심을 다루고 있다는 점을 반증해준다.

문제는 교회를 어떤 관점에서 혹은 어떤 모델로 설명하고 있는가 하는 점이다. 공공신학이 하우어워스의 교회윤리와 다른 관심사를 말하는 것은 분명한 차이점이다. 공공신학의 교회는 기독교신앙을 '교회 안의 신앙공동체'로 한정짓는 시도 즉 신앙의 사사화(私事化, privatization)를 거부한다.

그 대신, 교회와 시민사회 혹은 글로벌 시민사회와 기독교윤리의 관계에 초점을 맞춘다. 이는 실존적 고백의 문제를 다루는 신학이 무의미하다는 뜻이 아니라, 기독교신앙에 공적 특성 즉 공공성이 본래적으로 배태되어 있음을 강조하려는 취지로 해석해 볼 수 있겠다. 공공신학이 전제하는 교회관에 설교강단 밑에 모인 교인들만을 위한 교회신학(church theology)에서 나온 것이 아니며, 소종파적 경향에 기울어져서는 안 된다는 생각이 담겨있는 셈이다.

이러한 뜻에서, 스택하우스의 공공신학이 근간으로 삼는 교회관은 '섬김의 모델'을 통해 설명될 수 있겠다.[2] 섬김의 모델은 신앙의 사사화를 방지하고 교회와 사회의 연관성을 강조하는 정신을 담고 있다. 이것은 신앙의 사사화가 결과적으로 교회의 선포와 사명을 삶의 보다 중요한 이슈들과 어려운 문제로부터 유리시키게 된다는 문제의식을 반영한 것이라 하겠다.[3] 다만, 섬김의 모델에서 섬김의 신학적 근거와 목표를 망각하고 교회를 사회적 기능을 위한 조직이나 사회 개선을 위한 보조기관으로 전락시키지 않도록 각별히 유의할 필요가 있다.

어찌 보면, 교회를 섬김의 모델에서 규정하는 것은 그리 간단한 일이 아니다. 물론, 지역사회복지 문제가 가장 직접적인 섬김의 이슈일 수 있겠지만, 그 지평을 좀 더 넓혀서 성찰할 필요가 있다. 교회가 지역사회를 포함한 글로벌 시민사회와 어떤 관계를 맺고 어떤 방식으로 그들을 섬길 것인가의 문제에 관심을 가져야 한다는 뜻이기 때문이다. 이러한 섬김의 관심을 대변해주는 개념이 신앙의 사사화 극복 및 공공성의 구현이라 할 수 있다.

이는 스택하우스의 신학적 문제의식 즉 기독교신학의 공적 특성 구현을 아우르는 핵심적 관심사이다. 공공신학에는 두 가지 특성이 반영되어 있다. 하나는 기독교신앙이 그 본성상 공적이라는 점에서 공공신학이 필요하다는 점이다. 다른 하나는 기독교신앙이 공공의 문제들에 대해 관심을 가지고 참여해야 한다는 의미에서 본성상 사회윤리학적 특성을 지닌다는 점이다.[4]

이것은 신학의 지평을 하나님 나라의 신학으로 격상시키는 관심사일 수 있다. 몰트만을 응용하여 공공신학의 특성을 평가하자면, 신학은 하나님 나라의 신학으로서 공공신학이 되어야한다. 요컨대, '세상과의 공적 관계성 없이 기독교적 정체성을 말할 수 없고 신학의 기독교적 정체성 없이 세상과의 공적 관계성을 말할 수 없다.[5]

교회 개념과 연관 지어 설명하자면, 시민사회 속에 있는 자발적인 단체로서의 교회가 지니는 공공적 본성(public nature)에 주목해야 한다는 뜻이 되겠다.[6] 이처럼, 공공신학이 신학의 개인 실존화 또는 사사화를 넘어 신학의 사회적 본성을 회복하려는 움직임이라는 점에서, 현대사회의 정치경제구조(the political-economic structures)에 대한 관심이 필요하다고 주장한다.[7]

스택하우스는 한 사회의 정치경제구조의 공공성 증진을 위한 교회적 관심을 촉구하는 단계를 넘어서 세계화(Globalization) 문제에 대한 교회적 관심의 필요성을 강력하게 주장하기도 한다. 실제로, 스택하우스가 편집자로서 활동했던 『하나님과 세계화』(*God and Globalization*) 시리즈는 세계화시대에 확장된 공공의 장에서 교회가 관심을 가져야 할 공동의 삶(common life)에 대한 관심을 일깨워준다.[8]

이러한 의미에서, 스택하우스는 기독교의 소종파주의적 시도와는 다른 길을 요구한다. 그에 따르면, 기독교는 현대문화를 악으로 간주하여 고결한 경건을 표방함으로써 도덕적 순수성을 가장할 수도 없고 현대사회의 도전들로부터 분리될 수 없다.

하나님은 모든 영역을 통치하시며 그리스도께서 이 세상에 성육신하시고 성령께서 지구촌의 구원가능성에 생명력을 주신다는 것을 부정한다면 그것은 기독교일 수 없다.[9] 오히려, '공적 삶의 체제와 정책에 대한 안내자' 역할을 하고 방향을 제시하는 역할이 교회에 부여되어 있는 셈이다.[10]

스택하우스의 신학이 개혁신앙에 기초해 있다는 점은 이러한 교회관의 바른 이해에서 매우 중요하다. 스택하우스는 루터와 칼빈을 비롯한 개혁교회의 전통을 따라 소명의 중요성을 강조한다. 모든 사람은 하나님의 부르심을 받아 삶의 모든 영역에서 하나님을 위해 일하도록 소명을 받았다는 것이다.

스택하우스의 질문은 이러한 관점을 요점적으로 보여준다. '왜 우리는 공동체로 존재하는가?'('Why do we exist as a community?')[11] 교회와 학교, 입법 및 사법기관을 비롯하여 연구소와 공장, 그리고 박물관에 이르기까지 모든 사회기관은 나름의 소명을 지니고 있으며, 공공의 각각 영역들은 그들 고유의 특별한 가치와 목적들에 복종하고 함양하도록 하나님의 부르심을 받았다는 확신이 전제되어 있는 셈이다.

이 점에서, 교회는 '소명과 언약의 공동체'이다. 이는 사회의 질서와 경제, 정치 제도들을 하나님의 뜻과 사랑과 목적에 일치하도록 변혁시킬 책무가 있음을 일깨워준다.[12] 말하자면, 소명 개념에는 삶의 주목적(chief end)이 하나님의 창조목적과 연관되어 있으며, 소명을 통해 하나님을 섬기는 것이라는 뜻이 포함된다.[13]

이는 하나님께서 우리를 하나님의 형상대로 지으셨고 각자에게 하나님의 창조목적을 성취할 역할을 부여하셨다는 확신을 반영한다. 교회는 소명의 공동체인 동시에 언약을 받은 청지기적 공동체이다. 스택하우스에 따르면, 구약에서 하나님 백성들은 언약백성(covenanted people)이라는 점,[14] 초대교회 그리스도인들은 부르심을 받은 자들의 모임(ecclesia)인 교회를 율법과 소망과 사랑의 위탁이라는 기초 위에 세웠다.[15]

이러한 요소들을 종합하여 해석하자면, 공공신학이 제시하는 교회관은 '섬김의 모델'인 동시에 '대안공동체'이다. 여기에서 말하는 '대안'이란, 교회가 공공의 복리증진을 위해 맹목적으로 섬기는 역할에 종사하는 것이 아니라는 점을 보여준다.

예를 들어, 교회는 공공의 영역에 대한 구조, 경향, 프로그램, 가치, 행위 등을 선택적으로 수용 또는 거부할 수 있다. 또한 교회는 여타의 공공기구들보다 더 강력한 역할을 해 낼 수 있다. 국가나 민족이나 종족이나 경제조직을 넘어서는 강력한 영향력을 행사할 수 있다는 뜻이다.[16]

예를 들어, 지역교회(local church)가 지역사회의 복지문제를 비롯한 지역공동체의 성숙을 위해 노력하는 대외협력의 형태로,[17] 교회가 지역생명복제나 동성애 문제 등 사회적 이슈들에 대해 교단의 이름으로 성명서를 내고 교회의 입장을 대변하는 형태로 섬김의 모델을 구현할 수 있으리라 기대된다. 또한 지역교회 내지는 교단이 기독교시민운동에 참여하고 후원하는 일도 중요한 방법론일 수 있다.

나아가, 공정무역(fair trade)의 필요성을 비롯한 글로벌 이슈들에 대한 각 나라의 교회들이 연대하여 대응하는 것 또한 여기에 해당한다. 실제로, 스택하우스를 위시한 공공신학자들은 글로벌 시대의 사회윤리적 이슈들의 해소를 위한 지역교회들 사이의 연대와 네트워킹의 필요성을 강조하기도 한다.[18] 이것을 적극적으로 해석하자면, 공공신학에서 말하는 교회는 공공의 영역에 하나님 나라를 대안으로 제시해주는 '전위'(前衛)인 셈이다.[19]

하지만, 교회가 공공성을 구현한다는 것이 국가와 사회정책을 위한 보조자로 전락해도 무관하다는 뜻은 아니다. 섬김의 모델로서의 교회의 공공성은 공공의 영역과 긴장관계에 있어야 한다.

시민사회가 나아가야 할 방향성을 제시하고 사회시스템의 개선 및 공공의 오류를 교정(矯正)하는 역할을 수행한다는 의미가 담겨 있는 셈이다. 교회가 공공성을 발휘한다는 것은 시민적 공공의 영역을 지탱하는 한 축이 되는 것이라기보다 하나님 나라에 기초한 대안을 보여주는 모습에서 참 뜻을 얻을 수 있다는 뜻이 되겠다. 공공신학을 교회 중심적 관점으로 해석해야 하는 이유가 바로 여기 있다.

✝ 교회윤리, '정체성'에 주목하다

〈TIME〉이 'Best Theologian'으로 선정한,[20] 하우어워스는 스택하우스와는 다른 길을 제시한다. 하우어워스에 따르면, 교회가 지향해야 할 윤리적 과제는 교회 그 자체가 되는 것(to be the church itself)이다.[21] '교회됨'이 절실하다는 것이다. 기독교의 이름으로 시민사회를 위한 정책을 제시하고 참여함으로써 교회의 공공성을 제고하는 일보다 교회의 정체성 회복이 더 급선무라는 생각이다.

'교회윤리'(ecclesial ethics)라는 별명이 붙을 정도로, 하우어워스는 '교회'를 윤리적 성찰의 중심에 복권시켰다. '교회됨'을 말할 때, 하우어워스에 주목하는 이유가 여기 있다.

하우어워스가 말하는 '교회됨'이란 과연 무엇인가? 그의 관심은 교회론에 대한 현대적 재론 혹은 윤리학자의 관점에서 교회론을 평가하는 것이 아니다. 오히려, '교회의 교회됨' 그 자체가 그의 문제의식이다.[22] 한 마디로, '교회의 교회됨'이란, 복음 공동체로서의 교회의 정체성과 연관된다.

'교회의 교회됨'이란, 복음 공동체로서의 교회의 정체성과 연관된다. 라인홀드 니버(Reinhold Niebuhr)의 기독교사회윤리에 도전장을 던진 것이 그 대표적인 예가 되겠다. 하우어워스는 교회가 사회문제에 대해 기독교적 정책과 전략을 제안한다는 명분으로 사회문제에 관심을 갖는 과정에서 자유주의 정치에 동화되어 정체성이 상실될 수 있음을 지적하면서, 기존의 기독교사회윤리에 도전장을 던진다.[23]

하우어워스는 윤리의 근본질문을 변경시킴으로써 '기독교윤리의 재편(reframing)'을 이루어내었다.[24] 그의 용어대로 하면, 기독교윤리의 개혁(reform)을 위한 시도 혹은 기존의 기독교윤리에 대한 도전장이라 할 수 있겠다.

실제로, 『교회됨』(A Community of Character)에서, 하우어워스는 자신의 시도가 루터의 95개조 반박문에 견줄만한 일이라는 점을 암시했다.[25] 물론, 종교개혁에는 미치지 못하는 것이라고 겸양을 표하기는 했지만, 적어도 기존의 기독교윤리 특히 사회윤리에 도전장을 내밀고 기독교윤리의 개혁을 요구한 것만큼은 분명해 보인다.

그렇다면, 하우어워스가 제시하는 방향전환의 목적지는 어디인가? '교회'이다. 하우어워스가 교회에 주목하는 것을 비트겐슈타인(L. Wittgenstein)에 비유하는 경우를 보면 좀 더 분명해진다. 삶의 일상어에 관심을 가졌던 비트겐슈타인의 경우처럼[26], 하우어워스는 기독교윤리의 초점을 기독교의 일상이자 근간이 되는 '교회'에 집중했다는 뜻이다. 하우어워스에게서, 모든 윤리적 응답은 교회에서 시작된다.[27] 그의 윤리를 '교회의존적'(church-dependent)이라 부르는 이유가 여기 있다.

물론, 하우어워스가 '교회론'을 본격적으로 파고든 것은 아니다. 동시에 하우어워스에게서 가장 취약하다고 평가되는 부분이 그의 교회관이기도 하다. 그러나, 그가 정조준 한 것은 교회에 대한 역사적 이해나 신학적 논쟁이 아니라, 윤리적 공동체로서의 교회의 재발견이라는 점에 유의할 필요가 있다.

그는 종교개혁적 전통을 따라, 교회를 교회로 인식하게 해주는 분명한 표식들(marks)이 있음을 분명하게 말하고 있다. 하우어워스에 따르면, 교회는 성례가 시행되며 말씀이 선포되고 올바른 삶(upright life)을 격려하며 또한 그렇게 살아가는 곳이다.[28]

주목할 것은 하우어워스가 올바른 삶을 강조하면서 평화를 위한 노력(peacemaking)에 초점을 맞추고 있다는 사실이다. 이것은 종교개혁의 교회론에 새로운 요소를 추가한 것이 아니라, 교회론과는 전혀 다른 질문을 던진 것으로 볼 수 있다.

말하자면, 하우어워스는 교회란 무엇인가(what the church is)에 대한 신학적 기술이 아니라, 교회는 무엇이어야 하는가(what the church ought to be)에 관심을 집중한다.[29] 그의 관점이 교회론 그 자체가 아닌, '교회윤리'인 이유가 여기 있다.

이를 위하여, 하우어워스는 기독교공동체주의(Christian communitarianism)와 덕 윤리(virtue ethics)의 기독교적 수용을 통해 교회의 정체성을 분석하고 '성품의 공동체'(a community of character)로서의 교회를 강조한다. 교회가 자유주의적 시민사회에 동화되기보다 교회의 정체성에 충실해야 한다는 점을 강조하기 위해 사용된 '콘스탄틴적 결탁'(Constantinian accomodation)의 개념과 그리스도인의 진정한 덕성함양을 강조하는 성화(sanctification)에 주목한 것 역시 교회됨을 위한 관심에서 비롯되었다.

하우어워스가 말하고자 한 것은 있는 그대로의 교회를 옹호하거나 미화하거나 평가하기보다 교회가 추구해야 할 본질적인 모습과 당위를 다루겠다는 취지이다. 하우어워스는 신학자로서의 자신의 책무가 교회란 무엇인가(what the church is)를 기술해주는 것이 아니라 교회는 무엇이어야 하는가(what the church ought to be)를 말했던 대목은 이러한 뜻에서 이해되어야 한다.[30]

응용하자면, 하우어워스가 말하는 '교회'는 한국적 시민사회 속에서 비난받는 교회가 아니다. 마땅히 '되어야할 교회'를 가리킨다. 그렇다고 해서, 추상적인 교회를 지칭한 것은 아니다.

오히려 현실의 교회들로 하여금 교회됨의 비전을 실현하고자 애쓰도록 이끌고자 했다. 하우어워스 자신이 묘사하는 교회는 실재적(real)인 것이며, 되어야 할 교회의 모습을 구현하고자 노력해왔고 지금도 노력하고 있는 교회를 지칭한다고 말했던 점을 미루어 본다면, 그가 지칭하는 교회가 현실에서 볼 수 있는 구체적인 교회들과 전혀 동떨어진 것은 아닐 듯싶다.

적극적인 의미에서, 하우어워스의 관심은 종교개혁자들의 그것에 닿아 있다. 종교개혁자들의 관심은 16세기에 필요했던 통찰인 동시에 오늘의 한국교회를 향한 문제의식으로 재작동되어야 마땅하다. 하우어워스의 관점을 응용하자면, 우리는 지금 '교회됨을 통한 교회 개혁'이 절실한 시점을 살고 있는 셈이다.

✚ 교회개혁의 카운터 파트너

어떤 신학이 옳은 것일까? 공공신학인가? 교회윤리인가? 분명한 것은 두 가지 관점 모두 '도덕 주체로서의 교회'(church as moral agency)에 대한 인식을 공유하고 있다는 사실이다. 그리고 두 관점 모두 현재의 교회모습에 대해 문제의식을 가지고 있다는 것 또한 분명하다. 공공신학에서 교회의 공공성이 구현되지 못하고 있음을 지적했다면, 교회윤리는 교회가 정체성에 충실하지 못함을 문제로 제기하고 있다.

머지(Lewis S. Mudge)의 관점을 인용하자면, 스택하우스의 공공신학은 '교회'를 둘러싼 주제들 즉 글로벌 이슈 및 NGO문제 등에 대한 관심의 필요성을 제대로 보여주었다.[31]

머지의 해석은 그가 수행한 WCC의 연구프로젝트, '교회론과 윤리'(ecclesiology and ethics) 연구의 근간이 되는 관점으로서, 기독교윤리와 교회와의 긴밀한 연관성을 강조한다. 기독교윤리는 교회론적으로 접근되어야 하고 교회론은 기독교윤리와의 연관성을 토대로 성찰되어야 한다는 것이다.

이 연구프로젝트를 통해, 머지는 교회와 윤리의 연관성에 충실한 두 가지 모델이 있다고 말한다. 그 하나는 교회를 시민사회의 윤리를 대체하는 윤리 공동체로 간주하는 관점 즉 하우어워스의 윤리이고, 다른 하나가 스택하우스의 공공신학이다.

여기에서 주목할 것은 머지의 관점이 공공신학에 대한 일반적 이해에서 가지기 쉬운 통속적 오해 내지는 편견을 넘어서게 한다는 점이다. 공공신학은 으레 공공성에 방점을 찍는 것이 보편적 관점이라는 편견을 넘어 공공신학의 근간이 교회에 있다는 점을 일깨워주었다는 점에서 그렇다.

사실, 공공신학과 교회윤리 모두 교회의 윤리적 기능에 대한 관심은 크게 다르지 않다. 특히, '대안공동체'가 되고 '섬김의 공동체'가 되기를 요구하는 것은 두 관점 모두에 공유되어 있다. 내용과 방향이 다를 뿐이다.

교회윤리에서 교회란 자유주의에 물든 사회를 위한 사회윤리를 소유했다기보다 교회 그 자체로 사회윤리라고 말하는 것은[32] 사회로부터의 퇴거를 말한 것이 아니다. 교회 나름의 방식으로 사회를 섬겨야 한다는 뜻으로서, 폭력과 기만을 은닉하고 있는 세상의 정체를 폭로해주고 평화의 공동체인 교회를 본받게 해야 한다는 뜻을 담고 있다.

교회가 대안이 되고 섬김을 실천해야 한다는 것은 공공신학에서도 큰 관심사이다. 스택하우스는 교회의 공공성의 제고를 통해 교회가 지역사회공동체 및 글로벌 시민사회에 적극 참여해야 한다는 섬김의 모델을 제시하고 있다는 점에서 대안의 내용과 섬김의 방식이 다를 뿐이다.

여기에서, 차별성 내지는 방향의 상이성을 강조하기보다 공통점을 찾아내는 것이 중요하다. 특히 공공신학과 교회윤리의 공통관심사가 '교회'라는 점을 확인할 필요가 있다. 교회에 대한 관심 중에서, 각별히 관심을 가져야 할 것이 있다면 공공신학과 교회윤리 양자 모두 '있는 그대로의 교회'보다는 '되어야 할 교회'를 말하고 있다는 점이다.

스택하우스에게서 교회는 시민적 담론에서 결코 외곽으로 밀려나서는 안 되는 공공성의 책무를 구현하는 교회가 '되어야' 하며, 하우어워스에게서 교회는 현재의 교회가 처한 콘스탄틴적 결탁을 벗어나 교회다운 교회가 '되어야' 한다.

이것을 다른 말로, 교회의 개혁에 대한 윤리적 요청이라고 옮겨봄직하다. 되어야 할 교회의 비전은 교회개혁에 헌신한 종교개혁자들의 관점인 동시에 지속적으로 개혁되어야 할 오늘의 교회가 놓쳐서는 안 될 긴장감이다.

교회의 개혁보다 더 중요한 것은 없다. '되어야 할 교회'의 모습을 구현하는 것처럼 절박한 것이 과연 무엇이겠는가? 공공성을 향한 개혁이든 혹은 정체성 회복을 말하는 것이든 간에, 교회의 개혁이야말로 절실한 윤리적 과제일 듯싶다.

공공신학과 교회윤리는 현대 기독교윤리의 방향성에 관한 중요한 아젠더를 제시해 주었다. 교회의 공공성 함양 및 교회의 정체성 회복이라는 주제는 상반되는 양립불가능의 관점으로 평가되는 것이 사실이지만, 양자택일의 대상으로만 간주할 것이 아니라 '교회'라고 하는 공통의 관심사를 내포하고 있다는 점에 유의할 필요가 있다.

　　스택하우스가 시민사회에서 교회의 좌표를 공공성의 관점에서
제시해 준 것이라면, 하우어워스의 교회윤리는 교회의 정체성에 대
한 자성을 촉구한 것이라는 점에서, 공공신학과 교회윤리는 '교회'
를 핵심으로 간직하고 있는 셈이다. 말하자면, 공공신학과 교회윤리
는 상극(相剋)이라기보다 교회의 개혁을 위한 카운터파트로 인식되
어야 한다.

1. 라틴어 표현은 필자 나름으로 응용한 것으로서, 'ecclesia publica'
   와 'ecclesia ipsa'를 각각 공공신학과 교회윤리가 추구하는 교회의
   윤리적 과제에 대한 상징어로 사용할 수 있을 듯싶다.

2. 이상훈, '공공신학적 관점에서 본 교회개혁과 고령화사회', 「기독교
   사회윤리」제25집 (한국기독교사회윤리학회, 2013), 31~63.

3. Daniel D. Migliore, *Faith Seeking Understanding,* (Grand Rapids:
   Eerdmans Publishing), 186-198.

4. Max L. Stackhouse, *Public Theology and Political Economy*(Univ.
   Press of America, 1991) intro.xi.

5. Jürgen Moltmann, 김균진 역, 『세계 속에 있는 하나님』, (대한기
   독교서회, 2011), 9.

6. Tomoaki Fukai, 'Theology of Japan as Public Theology' in *A
   Theology of Japan: Origins and Task in the Age of Globaliza-
   tion,* (Seigakuin University Press, 2005), 91-97.

7.   스택하우스의 표현을 인용하자면, a "public" theology로 되어 있
     다. Max L. Stackhouse, *Public Theology and Political Economy,*
     (Univ. Press of America, 1991) intro.xi.

8.   Max L. Stackhouse, 'What is Publc Theology? : An American
     Christian View' (미간행 강연원고, 새세대 교회윤리연구소, 2007초청강연)

9.   Max L. Stackhouse, 'Joining the Discussion' in Stackhouse ed.,
     Christian Social Ethics in a Global Era, (Abingdon Press, 1995),
     127.

10. Max L. Stackhouse, *Public Theology and Political Economy:
     Christian Stewardship in Modern Society* (Lanham, Maryland: Uni-
     versity Press of America, 1991), xi. 새세대 교회윤리연구소 편, 『공공신
     학이란 무엇인가?』(서울: 북코리아, 2007); 새세대 교회윤리연구소 편,
     『공공신학, 어떻게 실천할 것인가?』(서울: 북코리아, 2008).

11. 문시영, '스택하우스의 공공신학에 담긴 윤리적 통찰', 새세대 교회
     윤리연구소 편, 『공공신학이란 무엇인가?』(서울: 북코리아, 2007), 96-
     109.

12. Max L. Stackhouse, *Creeds, Society and Human Rights : A
     Study in Three Cultures* (William Eerdmans Pub. Co., 1984), 59.

13. Max L. Stackhouse, *Public Theology and Political Economy :
     Christian Stewardship in modern society* (Univ. Press of America,
     1991), 24.

14. 같은 책, 32.

15. 같은 책, 36.

16. 이상훈, 앞의 글, 31.

17. 관행적으로 사용되어 온 '개(個) 교회'라는 단어보다는 지역교회
     (local church)라는 단어가 적절할 듯싶다.

18. 이에 관해서는 다음 책을 참고하라. Max L. Stackhouse, Tim Dear-born, and Scott Peath, ed., *The Local Church in a Global Era,* (Grand Rapids: W. M. Eerdmans Publishing, 2000)

19. 이상훈, 앞의 글, 50.

20. *TIME*은 2001년, 하우어워스에게 'America's Best Theologian'이라는 별칭을 주었고, *Christianity Today*가 선정한 20세기 영향력 있는 100권에 그의 책 두 권(A Community of Character, Resident Aliens)이 들어있다. (필자가 2010년에 듀크 대학을 방문했을 때, 정작 하우어워스 자신은 'Best Theologian'이라는 표현에 대해 어색해하던 모습이 기억난다.)

21. Stanley Hauerwas, *A Community of Character,* 문시영 역,『교회됨』, (북코리아, 2010), 30.

22. 이에 대해서는 문시영, 'S. 하우어워스의 교회윤리로서의 사회윤리' 「기독교사회윤리」 제21집 (한국기독교사회윤리학회, 2010)을 참고할 것.

23. Stanley Hauerwas,『교회됨』, 20.

24. Michael G. Cartwright, 'Afterword: Stanley Hauerwas's Essays in Theological Ethics: A Reader's Guide' in Stanley Hauerwas, ed. by John Berkman and Michael Cartwright, *The Hauerwas Reader* (Durham, NC: Duke University Press, 2005), 630.

25. Stanley Hauerwas,『교회됨』, 27.

26. Michael G. Cartwright, in *The Hauerwas Reader,* 634.

27. Stanley Hauerwas & William H. Willimon, 김기철 역,『하나님의 나그네 된 백성』(복 있는 사람, 2008), 123.

28. Stanley Hauerwas, *The Peaceable Kingdom,* 107.

29. 앞의 책, 112.

30. 앞의 책, 112.

31. Lewis S. Mudge, *The Church as Moral Community : Ecclesiol-*

ogy and Ethics in Ecumenical Debate (New York: Continuum Publishing Group, 1998), 12.

32. 같은 책, 12.

Part II

3. 정체성을 회복하라

✝ 세상이 교회에 들어와 버렸다

교회가 시민사회에 영향력을 미치기보다 지탄과 비난을 받는 오늘의 맥락에서, 교회가 지향해야 할 윤리는 과연 무엇이어야 하는가? 교회의 자정능력이 바닥났음을 단언하면서 시민적 비난과 정죄와 심판을 통해 교회를 몰아세우는 것도 방법일 수 있지만, 교회가 윤리적으로 성숙할 수 있도록 대안을 제시하는 노력 역시 중요하다는 사실을 간과해서는 안 될 것이다. 교회로 교회되게 하는 노력 혹은 '교회됨'을 위한 윤리적 성찰의 필요성이 바로 여기에 있다.

하우어워스의 윤리에 관한 여러 반향에는 극단적인 비판으로부터 보완적 성찰의 필요성을 말하는 관점들이 포함된다. 하우어워스를 어떤 관점에서 읽을 것인가의 문제에는 그의 교회관을 두고 '자폐적'이라고 말하는 혹평, '개신교신학 변방의 평화주의자 한 사람'

이라는 평가, 그리고 '기독교윤리에 예수 내러티브를 복권시켰다'는 긍정적 관점 등 여러 의견이 있는 듯싶다.

그동안 하우어워스의 윤리에 대한 비판적 읽기가 시도되지 않은 것은 아니다. 비판적 균형을 맞추어 읽어야 한다는 주장,[1] 소종파주의에 대한 바른 이해의 필요성을 제안한 주장[2] 등이 그 예가 되겠다.

이러한 비판과 반론에도 불구하고, 하우어워스에게 주목하는 이유는 교회에 대한 그의 진단법이 큰 통찰을 지니고 있기 때문이다. 교회가 교회되지 못하고 있다는 점, 교회를 교회되게 해야 한다는 점은 무엇보다도 중요한 통찰이다.

여기에는 교회가 교회되지 못하게 하는 것들과 결탁됨으로써 교회 스스로 정체성을 상실했다는 문제의식이 작용하고 있는 듯싶다. 세상이 교회 안에 들어와 버린 것 자체가 문제이며, 교회 스스로 자초한 결과라는 뜻이다.

하우어워스의 진단에서 주목한 관점들은 공동체로서의 교회, 내러티브로서의 예수 이야기, 그리고 예수 내러티브의 성품화를 위한 덕의 윤리, 나아가 평화의 윤리 등이다. 여기에 맥킨타이어(Alasdair MacIntyre)와 요더(John. H. Yoder)를 비롯한 여러 영향이 복합적으로 작용한다. 하우어워스가 자신에게 영향을 준 두 명의 진정한 거인들(two really big brain people)이라고 추켜세우는[3] 이들의 영향은 하우어워스의 윤리 곳곳에 삼투해있다.

하우어워스는 맥킨타이어를 통해 교회에 대한 공동체주의적 이해 및 예수 내러티브의 중요성을 강조할 수 있었고, 요더의 통찰을 응용하여 십자가 정신으로서의 평화를 교회의 정체성으로 강조할 수 있었다.

　말하자면, 하우어워스의 문제의식은 '기독교공동체주의'와[4] 내러티브 윤리, 그리고 기독교적으로 수용된 덕 윤리(virtue ethics)라는 세 가지 요소를 통해 해소된다. 기독교공동체주의와 내러티브의 문제는 교회의 정체성 문제를 부각시키는 중요한 통로가 되며, 덕 윤리는 십자가에 나타난 평화의 덕을 실천해야 한다는 당위를 말해주는 방법론으로 기능한다.

　먼저, 기독교공동체주의에 대해 살펴보자. 이는 공동체주의적 사고방식과 연관된 것으로서, 하우어워스로 하여금 교회의 정체성에 대한 인식을 새롭게 하도록 자극했다.

　맥킨타이어를 위시한 공동체주의자들이 다양한 입장들을 견지하고 있기 때문에 획일적인 설명을 하기는 어렵지만, 자유주의자들의 관점과 대비되는 사고방식이라는 점에 공통점이 있다. 공동체주의는 계몽주의 이후 득세한 자유주의의 적절성에 문제를 제기해왔다. 특히 현대사회를 윤리적 위기로 파악하고 그 대안으로 덕의 전통이 회복되어야 한다는 주장은 공동체주의가 전제하고 있는 기본요소에 속한다.

　특히 '공동체주의' 문제는 현대윤리학의 주요한 논제의 하나로서, 자유주의에 대한 비판적 입장을 담고 있다. 이른바 '자유주의-공동체주의 논쟁'(the liberal-communitarian debate)이라는 이름으로 현대사회에 있어서 덕의 윤리가 적실성을 가질 수 있는가의 문제, 또는 현대시민사회를 포기하고 공동체로 복귀하는 것이 과연 의미있는 것인지 묻기도 한다.

맥킨타이어, 테일러(Charles Taylor), 그리고 샌델(Michael Sandel)을 비롯한 공동체주의자들은 도덕에 관한 설명에서 계몽주의 이후 득세한 자유주의의 적절성에 문제를 제기해왔다. 자유주의에 대한하우어워스의 비판은 맥킨타이어의 그것과 궤를 같이 한다.

하우어워스는 칸트(I. Kant), 헤어(R. M. Hare), 프랑케나(W. Frankena), 그리고 롤즈(J. Rawls)로 이어져온 관점 즉 합리성을 기준으로 도덕을 설명하는 관점에 문제를 제기한다.[5] 공동체주의자들이 자유주의에 비판적인 것처럼, 하우어워스 역시 자유주의를 여러 얼굴을 가진 기이한 현상이라고 평가하면서, 특히 미국의 예를 들어 자유주의에 비판적 입장을 드러낸다.

하우어워스에 따르면, 정치적 자유주의에는 도덕적 결함이 있다. 이 점에서 하우어워스는 영미철학계의 공동체주의자들과 궤를 같이한다. 하우어워스는 자유주의가 추구하는 윤리 즉 역사적 배경, 종교적 신념, 형이상학적 관념을 배제한 윤리를 제시하려는 기획은 성취될 수 없으며, 결과적으로 도덕적 진공상태에 이르게 될 것이라고 생각한다.

하우어워스는 특히 맥킨타이어의 관점을 수용하여, 모든 개별적 합리적 행위자들에게 보편적으로 수용될 도덕의 근거를 찾으려는 '계몽주의적 기획'에 비판적 관점을 견지한다. 무엇보다도, 자유주의가 전제하는 무제약적 자아(the unencumbered self)의 관념에 비판적이다.[6] 하우어워스에 따르면,

정치적 자유주의는 덕스러운 사람을 육성할 기반을 결여하고 있다.

'도덕'이란 '사적 영역'에 속하는 것이라고 생각하는 경향이 있다. 정의의 문제를 다룰 때에도, 공정한 경쟁의 규칙에 묶여있도록 만드는 것이 고작이다. 결정적으로, 개인의 '욕구'와 '필요'를 충족시키는 것 자체가 도덕이 되어버렸다. 이처럼 윤리문제를 개인의 몫으로 남겨두는 사회는 개인 혹은 가정이 국가에 저항할 힘을 공급하는데 필수적인 덕목들을 함양할 수 없다.[7]

이처럼 자유주의를 비판하는 하우어워스의 관점은 맥킨타이어와의 깊은 교감을 엿보게 하는 흔적들을 담아내고 있다. 공동체주의자들 자체도 다양한 입장들을 견지하고 있기 때문에 획일적인 설명을 할 수는 없지만, 공통점을 찾아본다면 자유주의자들의 관점과 대비되는 사고방식임을 알 수 있다.[8]

특히 현대사회를 윤리적 위기로 파악하는 문제의식과 그 대안으로서의 덕의 전통이 회복되어야 한다는 주장은 일종의 윤리적 대안이 될 만한 요소를 가지고 있다.

✚ 콘스탄틴 결탁을 끊어라

하우어워스의 관점을 하나의 개념이나 문장으로 담아내는 것 자체가 무리일 수 있지만, 그의 윤리의 근간에는 '도덕공동체로서의 교회'(church as moral community)가 전제되어 있다.

이는 공동체주의의 기독교적 수용 혹은 '기독교공동체주의'라는 맥락에서 평가되어야 할 대목이다. 하우어워스는 공동체주의의 대

표격인 맥킨타이어의 철학의 가장 가까운 신학적 유비를 담아내고 있다.[9]

맥킨타이어와 다른 점이 있다면, 하우어워스에게서 자유주의에 대한 비판이 기독교공동체 즉 교회의 윤리적 과제에 대한 성찰로 이어진다는 점이다. 아마도 이 부분은 요더의 영향일 듯싶다. 이를테면, 콘스탄틴주의(constantinianism)에 대한 비판은 요더의 응용이라 할 수 있다.[10]

콘스탄틴주의라는 용어 자체가 요더의 것이기는 하지만, 정치적 자유주의에 대한 교회의 동화에 대한 하우어워스이 비판적 입장을 효과적으로 반영한 것이라 할 수 있다. 다른 말로 하자면, 오늘의 교회가 '자유주의' 정치에 동화되어 정체성을 상실했다는 점에 문제를 제기한 셈이다.

이른바 '콘스탄틴적 결탁'(Constantinian accommodation)이라는 개념은 이러한 문제의식을 풀어내는 데 결정적인 기여를 한다.[11] 여기에는 기독교제국(Christendom)을 구현하려는 '콘스탄틴주의'의 유혹을 극복해야 한다는 요청이 담겨있다.

하우어워스가 콘스탄틴주의를 거론하는 것은 정치적 자유주의에 대한 교회의 동화(accommodation)에 비판적 입장에 서 있음을 보여준다. 역사적으로, 4세기 로마의 황제 콘스탄티누스와 데오도시우스가 이룩한 국가와 교회의 형식상의 일치를 통해 교회가 제국의 보호를 받게 되었지만, 결과적으로는 교회가 국가에 동화되어 도덕적 타락과 파경에 이르고 말았다는 문제의식의 현대적 반향인 셈이다.[12]

하우어워스에 따르면, 교회가 정부정책에 결탁하거나 사회개선의 전략을 제안하는 보조역할을 자임하는 것은 현대판 콘스탄틴주의 일 뿐이다.[13] 교회가 세상의 정치에 동화되거나 세속정치와 결탁하는 것은 교회의 정체성을 포기하는 것이며 성경적 신앙을 단지 문화현상으로서의 종교로 변질시킬 것이다.[14]

이제까지, 대부분의 기독교윤리학자들은 기독교와 자유민주주의적 사회시스템이 어떻게든 연관되어 있다는 생각을 하고 있었지만, 하우어워스는 이러한 생각 자체가 문제라는 도전장을 던진다.[15]

하우어워스에 따르면, 교회가 존재하는 목적은 국가에 협조하는 기관이 되거나 혹은 도움을 주는 전문가가 되는 것이 아니다. 교회의 책무는 정부정책에 윤활유 노릇을 하는 것이 아니다. 사회개선의 전략을 제안하는 것도 아니다. 교회는 '덕의 공동체' 혹은 '성품 공동체'(a community of character)이어야 한다는 것이다.[16]

교회와 시민사회의 도덕적 에토스를 연관 지으려는 현대기독교윤리학은 교회적 정체성의 상실과 기독교적 증인됨의 실패에 이르게 될 것이라는 하우어워스의 지적은 기독교의 이름으로 사회정책과 전략을 제공하면서 사회와 동화 내지는 결탁하기보다 교회로 하여금 기독교적 정체성 확립을 통해 대안공동체가 될 것을 요청하는 것으로 해석되어야 마땅할 것이다.

이러한 뜻에서, 하우어워스는 현대적 의미의 콘스탄틴주의 즉 교회가 정치적 자유주의와 동화되어 버리는 위기로부터 교회를 구해내기 위해 '교회됨'에 주목해야 한다고 보았다. 말하자면, 자유주의 정치에 대한 교회의 '결탁' 혹은 '동화'에 관한 윤리적 자성(自省)을 통해 교회의 윤리적 자정(自淨)을 촉구한 것이라 하겠다.

이러한 주장의 배경에 내심 미국의 교회들이 자유주의 정신에 동화되고 있다는 생각이 자리 잡고 있다. 아마도 기독교적 덕의 윤리야말로 자유주의 사회가 노정하는 도덕적 위기를 극복할 수 있는 대안이 된다는 생각에서 이러한 주장이 나왔음직하다. 따라서 교회를 교회되게 해야 한다는 것은 교회로 하여금 자유주의적 관점을 벗어나 공동체적 대안을 세우자는 의도로 풀이할 수 있겠다.

하우어워스가 기독교윤리를 신앙인들로 하여금 세상을 바르게 볼 수 있게 하는 비전과 연관짓는 것 역시 마찬가지이다. 그에 따르면, 신앙인의 비전은 교회 공동체 안에서 형성된 이야기이다. 복음의 이야기에 의해 형성된 교회 공동체의 이야기가 세상에 대한 비전을 제공한다는 것이다. 교회는 교인들이 성경 속 하나님의 이야기들에 충실하고 교회 밖의 세상에 도덕적 삶의 비전을 제시하는 덕스러운 삶을 살아가도록 돕는다.

이처럼 신앙인의 삶 속에서 예수 그리스도의 이야기를 따르고 구현한다는 의미에서, 교회는 기독교윤리를 만드는 공동체라 할 수 있다. 이러한 뜻에서, 하우어워스가 말하는 교회로 교회되게 하는 일이란 신앙인들이 덕성을 함양할 수 있게 하는 공동체로 만드는 것이라고 옮길 수 있을 것이다.

또한 교회는 예수 그리스도의 이야기에 의해 성숙하는 사람들의 삶을 보여준다는 의미에서 정치적 대안이라고도 할 수 있다. 이것은 교회가 미국식 자유주의에 동화되거나 예속되지 않는 탁월한 삶의 방식을 보여주어야 한다는 뜻이기도 하다.

하우어워스의 문제의식을 보여주는 명제가 있다. '교회의 으뜸가는 책무는 교회 자체가 되는 것'이다.[17] 교회가 교회답지 못하고 교회의 본래적 정체성에 충실하지 못하다는 안타까움이 하우어워스의 윤리에 반영되어 있는 셈이다.

하우어워스는 교회와 사회의 관계 모델을 재정립한다. 교회는 사회를 위한 정책 보조기관이 아니라, 교회 나름의 존재이유를 가진다는 생각이 여기에서 나왔다. 이러한 뜻에서, 교회됨 그 자체야말로 하우어워스의 교회관이 지닌 핵심이라 하겠다.

교회를 덕의 공동체(community of virtues)로 이해하는 것도 평화에 대한 설명과 연관되는 부분이다. 하우어워스에게서 평화는 갈등의 회피가 아니라 폭력에의 의존 자체를 거부하는 것이며, 평화를 위해 일하는 것은 그 자체로 덕에 속한다.

더구나 도덕적 탁월성을 가능하게 해주는 요소로서, 평화를 위해서는 용서와 화해의 공동체 즉 교회를 필요로 한다.[18] 더구나, 교회는 하나님을 역사의 주인으로 확신하며 순례 길에 오른 사람들의 모임으로서, 그들은 생존확보를 위해 폭력에 의존하기를 거부한다.[19]

나아가, 교회는 세상이 폭력에 손쉽게 호소하는 모습들을 거부하고 서로에 대한 두려움에서 비롯된 전쟁이나 폭력이 아닌 신뢰의 공동체를 이루어 낼 수 있음을 보여주는 상징이자 표식이다. 여기에는 요더의 영향이 크게 작용한 듯싶다. 교회란 십자가에서 보여주신 예수의 정치를 구현하는 평화의 공동체가 되어야 한다는 요구를 담고 있기 때문이다.

이러한 관점은 일종의 소종파적 퇴거라는 비판을 받기도 하지만, 아마도 하우어워스가 교회에게 세상으로부터 도피하라고 말한 것은 아닐 터이다. 세상과 구별되는 윤리적 삶을 통하여 세상 안에서 구별되는 삶의 방법, 즉 평화의 길을 보여 주어야 한다는 것이다.

특히 사회에 진정한 정치적 대안으로서 용서와 화해의 평화를 구현해야 한다는 주장을 하고 싶었을 것이다. 교회는 당신의 십자가 죽음을 통해 본보기를 보여주신 예수 그리스도의 이야기에 근거하며,[20] 전쟁의 위험이 상존하는 시대에 비폭력이라는 방식으로 평화의 윤리를 실현하는 공동체가 되어야 한다는 주장이 그 맥락을 같이한다.

특별히, 폭력의 시대에 평화의 가치는 하우어워스가 무척이나 강조하는 부분이다. 그에 따르면, 폭력의 문제는 기독교사회윤리의 핵심주제이며,[21] 평화란 인간의 합리적 능력에 관한 거짓 설명 위에 세워질 수 있는 것이 아니라, 하나님의 주되심을 인정할 때 비로소 구현될 수 있다.

여기에는 하나님 나라와 전쟁이라는 것은 도무지 양립할 수 없다는 확신이 담겨 있다.[22] 따라서 교회는 세상을 하나님의 나라로 변화시키는 것이 아니라, 세상에 평화의 공동체를 보여줌으로써 하나님의 나라에 충실해져야 한다.[23]

무엇보다도, 교회는 십자가 죽음을 통해 본보기를 보여주신 예수 그리스도의 이야기에 근거하며, 그 핵심에 평화와 비폭력의 강조가 담겨있다는 것이 하우어워스의 주장이다.

이러한 의미에서, 교회는 우리를 다스리는 것은 사랑이 아니라 폭력일 수밖에 없다는 전제에 의해 움직이는 세상정치에 사회적 대안이 되어야 하며, 평화의 왕국(the peaceable kingdom)의 증인이 되어야 한다는 주장인 셈이다.[24] 아마도 사회에 진정한 정치적 대안으로서 용서와 화해의 평화를 구현해야 함을 주장하고 싶었던 듯싶다.

교회가 자유주의 정치에 동화되어 정체성을 상실하는 데 문제가 있다는 진단이 깔려있는 셈이다. 그는 대부분의 기독교윤리학자들이 지닌 관점 즉 기독교와 자유민주주의적 사회시스템이 어떻게든 연관되어 있다는 생각에 도전장을 던진다.[25]

하우어워스에 따르면, 교회가 존재하는 목적은 국가에 협조하는 기관이 되거나 혹은 도움을 주는 전문가가 되는 것이 아니다. 교회의 책무는 정부정책에 윤활유 노릇을 하는 것이 아니다. 사회개선의 전략을 제안하는 것도 아니다.

교회는 자유민주주의 혹은 그 어떤 정치체제에 대해서라도 사회정책 및 정치의 보조기관으로 전락해서는 안 된다. 하우어워스가 보기에, 교회는 그 자체로 존재이유를 가지고 있다. 기독교윤리는 교회의 교회됨에서 출발해야 한다고 주장한 이유가 바로 여기 있다.

세속정치에 참여하려던 그리스도인들의 열정이 자칫 교회가 수행해야 할 진정한 정치적 책무를 망각하게 하는 원인일 수 있다는 우려와 문제의식이 반영된 것으로 볼 수 있겠다. '기독교'의 이름으로 사회정책을 제시하고 사회를 선하게 만들고자 노력하는 와중에 교회의 교회됨을 소홀히 하게 되었다는 것이 그가 생각하는 문제의 핵심이다.

　이 부분은 공공신학의 관점과는 정반대되는 것처럼 보일 수 있는 대목이다. 하나님 나라에 속하는 일반은총의 영역인 글로벌 시민사회에 적극적으로 참여함으로써 기독교의 진리를 구현하라고 주장한 스택하우스의 관점은 나름대로 타당성과 의의를 지니고 있다.[26]

　그럼에도 불구하고, 하우어워스가 교회됨의 윤리를 강조한 것은 공공신학의 문제의식을 평가절하시키려는 의도보다는 교회의 본래적 정체성에 대한 성찰이 급선무라고 보았기 때문일 것이다. 결과적으로, 하우어워스의 교회윤리는 공공신학과 분명한 차이를 드러내게 된다.

　하우어워스를 '소종파적 퇴거'의 유혹 또는 '자폐적 교회관'에 빠져있다고 비판하는 것은 교회와 시민사회와의 관계설정을 왜곡시킬 것이라는 염려를 반영한다는 점에서 의미 있는 대목이지만,[27] 하우어워스가 교회윤리를 제안하는 맥락은 과연 어떤 것이었는지를 살펴보는 것이 더 우선되는 과제일 듯싶다. 맥락에 대한 적절한 이해를 통해서만 하우어워스에 대한 의미 있는 비판과 균형 잡힌 이해가 가능할 것이기 때문이다.

　여기에는, 교회가 신뢰와 덕의 공동체가 되지 못했다는 자성도 깔려있다. 교회는 어느 사이에 청소년이 도덕을 배우는 곳쯤으로 전락했고, 심지어 '하지 말라' 혹은 '해라'의 명령과 같은 관습적 도덕 정도를 가르치는 곳에 불과하다는 식으로 평가되는 것 자체에 문제가 있다는 생각이다.[28] 하우어워스가 보기에, 이러한 현상은 칸트 이후 야기된 신학적 위기를 보여주는 표징의 하나이다.

　따라서 하우어워스는 칸트적 기획을 추종하기보다 공동체와 덕의 전통을 회복함으로써 교회를 그리스도인의 덕성훈련의 장이 되게 해야 한다는 점을 강조한다. 하우어워스가 제자도의 실천을 비롯한 교회적 행위(ecclesial activities)들을 주목하고 교회론적 지향(ecclesiogical orientation)을[29] 말하는 이유가 바로 여기에 있다.

✝ 교회의 정체성을 찾아라

하우어워스의 문제의식을 구체적으로 말한다면, '교회의 교회됨'이라 할 수 있다. 도덕공동체로서의 교회에 대한 인식에서 무엇보다도 주목해야 할 것이 있다.

네오-아리스토텔레스주의에 의한 기독교적 덕의 오염에 대한 우려는 불식시키고 기독교의 독특한 덕 윤리를 교회와 연관 지어 설명한다는 것은 하우어워스의 장점이다. 말하자면, 교회를 덕의 공동체로 말하는 것 자체가 기독교적 덕 윤리의 특성을 보여주는 핵심이라 하겠다. 하지만 이러한 요소들보다 더 중요한 것은, 하우어워스의 이러한 노력이 교회가 지향해야 할 윤리적 비전과 과제를 제시하고 있다는 점이다.

따지고 보면, 프로테스탄트 전통에서 덕 윤리는 크게 환영을 받지 못할 가능성이 크다. 덕의 강조는 자칫 공로주의에 기울어질 위험이 있다는 이유에서이다.

공로주의에 의한 기독교윤리의 오염을 경계했던 종교개혁자 루터의 경우가 그렇고, 근세초기의 '과격 아우구스티누스주의'(hyper-Augustinianism)의 경우가 더욱 그렇다. '화려한 악덕'(splendid vices)

에 기울어질 위험을 우려하여 덕에 관한 접근 자체를 문제시했던 '과격 아우구스티누스주의'에서는 덕에 대한 관심이 교만과 자기사랑을 심화시킬 것이라고 우려하기도 했다.

하우어워스의 기독교공동체주의와 교회윤리는 이러한 흐름에 강력한 대안이 될 수 있을 듯싶다. 하우어워스는 그리스도인의 덕이 내러티브, 제도, 실천관행 등을 통해 점진적으로 형성된다고 보았다.[30] 말하자면, 덕이 '개인'의 탁월한 노력 혹은 습관을 통해 형성되고 함양된다고 말하지 않고 '교회'라는 공동체와 그 실천이라는 맥락 안에서 형성되는 것임을 강조했다는 점에서 하우어워스는 덕의 공동체적 형성에 초점을 맞추고 있는 셈이다.

덕의 문제를 공동체적 맥락에서 다루는 것은 그리스도인의 덕이 성경의 내러티브에 따라 성만찬을 포함한 교회의 공동체적 실천 전통에 참여함을 통해 함양된다는 사실을 보여준 데 매우 큰 장점이 있다.

하우어워스는 내러티브와 공동체적 배경 안에서 삶의 성화에 대한 기독교적 확신을 이해할 수 있다고 본다.[31] 이처럼, 하우어워스가 내러티브에 초점을 맞추는 것은 덕스러운 삶의 형성에서 기독교 공동체 즉 교회의 윤리적 중요성을 강조하기 위한 것이라 할 수 있겠다.

이러한 뜻에서, 하우어워스가 그토록 강조하는 평화가 기독교의 덕 윤리 전체를 대표할 수 있는 것일까를 두고 상이한 관점들이 제시될 여지는 충분하다. 평화를 교회윤리의 최고의 덕목이라고 말하는 것은 더 깊은 성찰이 필요한 대목일 듯싶다.

물론, 하우어워스가 평화에 주목한 것이 현대사회의 윤리적 정황 즉 갈등과 전쟁의 위기상황에 대한 인식을 바탕으로 예수의 비폭력 평화의 정신을 강조하려는 취지였다는 것 자체는 과소평가될 수 없는 대목임에 틀림없다.

그러나 하우어워스가 평화를 강조한 것을 두고 그의 맥락 즉 교회와 예수 내러티브라는 배경으로부터 독립시켜 이해하거나 평화운동의 근거로 삼고자 하는 시도는 조심스러운 대목일 수 있다.

평화를 위한 관심이 하우어워스에게서 중요한 의의를 차지하고 있는 것은 분명하지만, '평화'가 '교회'보다 더 중요한 것은 아니다. 평화는 교회의 덕목이요, 교회가 실천해야 할 과제라는 점에서, 하우어워스의 강조점은 평화 그 자체가 아니라, 교회에 맞춰져 있다고 보아야 할 듯싶다. 이는 하우어워스가 교회를 덕의 학교 혹은 덕의 공동체로 이해하고 있다는 점에서 분명하게 확인될 수 있는 대목이다.

다시 말해, 하우어워스의 윤리를 균형 있게 이해하고자 한다면, '평화'보다 '교회'가 본질적인 관심사라는 점을 상기할 필요가 있다. 특히, 교회를 덕의 학교 혹은 성품이 공동체로 제안하는 맥락에서 본다면, 도덕공동체 혹은 공동체적 행위자로서의 교회가 함양해야 할 덕목 중에서 '평화'라는 구체적인 덕목 한 가지를 집중적으로 강조하기보다 '교회됨' 그 자체를 교회가 세워가고 함양해야할 핵심 덕목으로 상정하는 것이 바람직해 보인다. 심지어, 자유주의에 대한 윤리적 비판을 넘어 '교회를 교회되게 하는 것'은 교회윤리의 궁극적인 가치를 보여주는 상징이라 하겠다.

하우어워스를 응용하자면, 교회가 정의를 구현한다는 명분으로 전략과 정책을 제시하는 것은 문제를 더 복잡하게 만들 수 있다. 오히려 교회는 사회에서 교회 자체가 되는 것이야말로 으뜸가는 사회적 책무임을 깨달아야 한다. 교회가 하나님을 알지 못하는 정치의 '대조모델'이 되어야 한다는 것이다. 이러한 뜻에서, 교회됨 그 이상의 가치를 교회윤리에서 찾으려 하는 것은 적절하지 않아 보인다. 무엇보다도, 한국교회의 정황에 비추어 볼 때, 교회의 교회됨 그 자체를 넘어설 다른 그 어떤 긴급하고도 중요한 과제는 없다.

이처럼 하우어워스가 '교회로 교회되게' 혹은 '교회됨'을 반복하여 강조하는 배경에는 교회가 기만과 폭력을 전제하는 정치적 자유주의에 대한 대조모델 혹은 대안이 되어야 한다는 관점이 전제되어 있다.[32] 하우어워스에 따르면, 정치적 자유주의는 기만적이다.

자유주의가 기획한 도덕적 모험은 개인들로 하여금 각자의 욕구에 따라 살게 하는 문화를 낳았고, 정치적으로는 개인들을 다스린다는 명분으로 강제력에 의존하는 정치체계를 만들어 내었지만, 그 안에 담긴 강제력과 폭력성을 은닉하고 기만하고 있다. 이러한 기만과 허위를 극복할 대안은 진리에 기초한 공동체를 추구하는 것이요, 교회야말로 그 적임자라는 것이 하우어워스의 관점이다.

이러한 뜻에서, 기만과 은폐를 넘어서 진리에 기초한 혹은 신실한 정치 즉 진리의 공동체인 교회에서 그 출구를 찾고 있는 셈이다. 어떻게 보면, 하우어워스는 정치적 좌우 혹은 신학적 좌우에 시달리기보다는 양극단을 넘어서는 제3의 길을 택한 것이라 할 수 있겠다.

도덕의 근본질문을 재정의하고 도덕적 모범 혹은 전형들을 제시하는 것이 그의 관점이자 방침이었던 셈이다.[33] 하우어워스가 역사적 공동체에서 구현된 덕에 주목하고 교회에서 덕의 훈련이 이루어져야 한다고 강조한 것 역시 이러한 맥락과 닿아있다.

하우어워스가 소종파 그 자체를 지향한 것이 아니라는 점을 균형 있게 평가하면서 주목해야 할 부분이 있다. 특히 교회를 덕의 공동체 혹은 성품공동체로 규정하고 덕의 학교가 되어야 한다는 관점을 이해할 때 간과해서는 안 될 요소들이 있다. 덕의 공동체로서의 교회와 덕의 근간으로서의 예수 내러티브가 그것이다.

허트(Jennifer A. Herdt)가 말한 것처럼, 하우어워스의 중요성은 특히 기독교적 독특성 즉 내러티브와 성경, 공동체와 교회를 강조한 데 있다.[34] 하우어워스의 교회윤리를 자폐적 교회관 혹은 소종파적 위험이라는 틀에만 넣어서 볼 것이 아니라, 교회에 대한 그의 고민에 유의해야 하는 이유가 바로 이것이다.

하우어워스가 제안한 교회됨의 사회윤리에 대한 가장 흔하면서도 강력한 비판은 아마도 '소종파적 퇴거(withdrawal)'라는 반론일 듯싶다. 하우어워스 자신도 이 비판에 무척이나 민감하고 대담하다. 자신을 향해 쏟아지는 '퇴거'의 비판에 대해 하우어워스는 이렇게 말한다.

더 큰 반론이 있다. 교회에 대한 이러한 관점을 용인할 수는 있지만, 그러한 교회가 되려면 세상으로부터의 퇴거해야 하는 것인가를 묻는 질문이 그것이다. 교회로 교회되게 하는 것이 교회의 첫째가는 사회적 책무라는 나의 확신은 변함없지만, 교회의 이러한 책무를 말한다고 해서 '퇴거'라는 비난을 감수해야 할 필요는 전혀 없다. 오히려, 이러한 설명법을 교회 정치에 대한 관점과 더불어 바르게 이해한다면, 우리들 대부분이 생각하고 있는 '사회윤리'가 과연 어떤 것인지 재고해 보아야 할 것이다.[35] ⋯ 자칫 교회가 세상 섬김을 접고 종교적 의미의 게토로 퇴거해야 한다는 소리로 들릴 수 있다. 만일 그렇다면, 교회는 새로운 형태의 혹은 세련되지 못한 부족중심주의 모임으로 전락하게 될 것이다. 그러나 교회는 '부족'일 수 없다. 오히려 교회는 세상이야말로 분열상을 보이고 있으며 부족중심적인 모습을 드러내는 곳이라는 점을 일깨워줄 수 있는 공동체이어야 한다.[36]

가령, 자유주의와 소비문화에 찌든 현대사회에서, 예수 내러티브에 주목하고 그것을 성품화하는 노력이 필요하다. 무엇보다도, 하나님을 역사의 주(主)로 모시며 순례 길에 오른 사람들의 모임인 교회는 생존확보를 위해 폭력에 의존하려는 세상을 향하여 평화의 길을 그 대안으로 보여주어야 한다는 생각이 담겨 있는 셈이다.

말하자면, 퇴거의 가능성을 이유로 하우어워스의 관점을 논박하기보다 기독교사회윤리의 저변확대 혹은 성숙을 위한 새로운 아젠다로 수용하는 것이 타당할 듯싶다. 무엇보다도, '교회의 교회됨'을 요구받고 있는 한국 시민사회에서 교회가 마음에 새겨야 할 아젠다라는 점에서 매우 중요한 적실성을 지닌다는 점을 간과해서는 안 될 듯싶다.

실제로, 교회 안에서 예수 이야기에 충실하게 성숙되어야만 교회 밖으로 나아가 하나님의 주권에 충실한 사회적 실천이 진정한 힘을 얻게 될 것이다. 교회의 사회적 책임이 중요한 것만큼이나 교회가 복음으로 무장하고 교회 안에 윤리의 중요성이 충분히 인식되어야 하기 때문이다.[37]

하우어워스가 교회 안에서의 윤리를 강조했다고 해서 그의 사회 문제들에 대한 통찰이 부족하다고 말해서도 안 된다. 교회 안에서의 윤리와 교회 밖으로의 윤리를 상호보완적 관계로 인식해야 한다는 뜻이다.

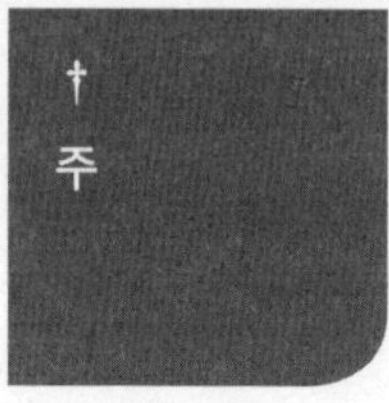

1. ① 교회의 특수성을 지나치게 강조한다는 점, 즉 하우어워스 자신이 아무리 부인한다 해도 교회-세상의 이원론을 해소할 수 없다는 점에서 분파주의라는 비판으로부터 자유로울 수 없다는 것이다. ② 무저항 평화주의에 대한 비판으로서, 정의와 평화의 관계설정에서 정의를 거부하는 것은 성경적 가치관에 맞지 않는다는 점이다. 그리고 ③ 위계질서적 구조에 대한 비판이다. 이는 공동체의 위계질서에 대한 하우어워스의 강조가 역설적으로 폭력의 논리를 가능하게 한다는 점에서 비판의 대상이 된다는 것이다. 요점은 교회의 정체성과 사회적 책임의 문제가 균형을 이루어야 한다는 뜻으로 볼 수 있겠다. 김현수, "스탠리 하우어워스의 교회윤리 비판적 읽기"「기독교사회윤리」21집. (한국기독교사회윤리학회, 2011)

2. 요더의 윤리가 소종파적 현실외면이라기보다 다른 방식의 참여라는 해석을 생각해 볼 수 있다. 요더가 말하는 평화주의는 현실에 대한 외면이 아니라 적극적인 실천의 한 방식으로 이해되어야 하며,

논의 구도를 '책임 vs. 퇴거'로 몰아가서는 안 된다는 주장이다. 교회의 정치참여 자체를 부정한 것이 아니라, 어떤 방법으로 참여할 것인가 하는 점이 핵심이라는 해석이다. 이는 요더의 지대한 영향을 받았다고 인정하는 하우어워스에게도 잘 들어맞을 듯싶다. 하우어워스의 관점을 소종파적 퇴거의 윤리로, 혹은 자폐적 교회관을 가진 학자로 낙인찍기보다는 그가 무엇을 고민했고 어떤 방식으로 현실에 응답하려 했던 것인가를 진지하게 성찰할 필요가 있어 보인다. 김기현, "교회론, 부분적으로 실현된 하나님 나라"「목회와 신학」(두란노서원) 2011년 4월호 *연재된 글들은 요더의 신학을 소개하고 있지만, 하우어워스와의 연관성은 충분히 읽어낼 수 있을 듯싶다.

3. Stanley Hauerwas, *Hannah's Child : A Theologian's Memoir* (Grand Rapids, MI: Wm. B. Eerdmans Publishing Co, 2010), 146.

4. David Fergusson, *Community. Liberalism, and Christian Ethics*, 1.

5. Michael G. Cartwright, in *The Hauerwas Reader*, 631.

6. 같은 책, 51.

7. Stanley Hauerwas, 『교회됨』, 165.

8. 이 부분에 대한 설명은 박정순의 서평('철학과 현실' 1991. 가을호. 344-345면)을 참고하기 바란다. 공동체주의자들의 주장을 전체적으로 요약하는 것 자체가 어려운 일이지만 그들이 주장하는 공통적인 요소를 정리한다면 대략 다음과 같이 말할 수 있겠다. ① 자유주의는 공동체를 경시 또는 무시함으로써 인간의 가치있는 삶에 있어 대체불가능의 중요요소인 공동체를 손상시킨다. ② 자유주의는 정치적 결합이 도구적인 가치만을 지닌다고 과소평가함으로써 정치적 공동체에의 참여가 인간의 가치 있는 삶에 기여하는 중요성을

망각하고 있다. ③ 자유주의는 개인적 계약이나 선택의 결과가 아닌 가족에 대한 의무 및 국가와 공동체에 대한 헌신에 관해 적절한 설명을 제시할 수 없거나 혹은 그러한 설명과 양립할 수 없다. ④ 자유주의는 개인적 자아가 선택의 대상이라기 보다는 공동체적 삶과 가치를 수용함으로써 형성된다는 점을 간과하고 있다. ⑤ 자유주의가 최고의 가치로 내세우는 정의(正義)는 공동체 유지에 있어서 교정적인 덕목에 해당한다는 점을 인식하지 못하고 있다.

9. David Fergusson, *Community. Liberalism, and Christian Ethics* (Cambridge: Cambridge University Press, 1998), 5.

10. Stanley Hauerwas, *Hannah's Child*, 160.

11. 사전적 의미로는 '동화'이지만, 능동적 취지를 살려 '결탁'이라고 옮기는 것이 좋겠다.

12. Vigen Guroian, *Ethics after Christendom* (Eugene, OR: Wipf and Stock Publishers, 1994), 1.

13. Stanley Hauerwas, *Hannah's Child*, 160.

14. 같은 책, 160.

15. Stanley Hauerwas, 『교회됨』, 20.

16. 거스타프슨(J. Gustafson)이 제기한 소종파적 퇴거(sectarian withdrawal)의 우려는 대표적인 것일 듯싶다. 이에 대해 하우어워스가 자신의 관점은 소종파적인 관점이 아니라고 항변하는 대목 또한 주목할 부분이다.

17. Stanley Hauerwas, 『교회됨』, 30. 'the first task of the church is to be itself'

18. Stanley Hauerwas, 'Why Truthfulness Requires Forgiveness: A Commencement Address for Graduates of a College of the Church of the Second Chance' in *The Hauerwas Reader*, 319.

19. Stanley Hauerwas, 『교회됨』, 30면

20. 같은 책, 87.

21. Stanley Hauerwas, "The Servant Community : Christian Social Ethics" in J. Berkman and M. Cartwright. ed., *The Hauerwas Reader* (Durham NC, Duke University Press, 2005), 390.

22. 같은 책, 198.

23. Stanley Hauerwas, *The Peaceable Kingdom : A Primer in Christian Ethics* (Univ. of Notre Dame Press, 2006), 103.

24. 같은 책, 102.

25. Stanley Hauerwas, 『교회됨』, 20면

26. 공공신학에 대한 스택하우스의 관점에 대해서는 영어강연문 번역본과 함께 국내학자들이 공저로 펴낸 다음의 책들을 참고하기 바란다. 새세대 교회윤리연구소 편, 『공공신학이란 무엇인가?』(북코리아, 2007), 『공공신학, 어떻게 실천할 것인가?』(북코리아, 2008)

27. 이에 관해서는 문시영, "하우어워스의 교회윤리로서의 사회윤리" 「기독교사회윤리」(한국기독교사회윤리학회) 20집(2010)를 참고할 것.

28. Stanley Hauerwas, 『교회됨』, 173.

29. David Fergusson, *Community. Liberalism, and Christian Ethics*, 6.

30. Jennifer A. Herdt, *Putting on Virtue: The Legacy of the Splendid Vices*(Chicago: University of Chicago Press, 2008), 350.

31. David Fergusson, *Community. Liberalism, and Christian Ethics*, 59.

32. Stanley Hauerwas, 『교회됨』, 171.

33. Michael G. Cartwright, in *The Hauerwas Reader*, 632.

34. Jennifer A. Herdt, *Putting on Virtue: The Legacy of the*

Splendid Vices, 345.

35. Stanley Hauerwas, 『교회됨』, 212-213.

36. 같은 책, 183.

37. 문시영, '교회 안에서의 윤리, 교회 밖에서의 윤리,' 「성암사상연구」
     제4집(성암기독사상연구소, 2007), 86-88.

4. 복음에 충실해져라

✝ 예수 내러티브, 교회됨의 필수조건

하우어워스가 말하는 교회윤리에서 주목할 만한 것은, 교회와 성경을 기독교윤리의 핵심으로 복권시켰다는 점이다. 특히 교회의 교회됨을 위한 요건에 복음을 강조하는 대목은 성경에 대한 하우어워스의 탁월성을 보여준다. 하우어워스에게서, 교회의 교회됨을 위한 조건 자체가 복음이다.

하우어워스에 따르면, 그리스도인들의 가장 중요한 사회적 책무는 성경에서 발견하는 하나님의 이야기에 충실한 공동체가 되는 것이다.[1] 여기에서, 하나님 이야기 혹은 예수 이야기란 다름 아닌 복음을 의미한다.[2] 교회란 성경의 이야기대로 살고 있는지를 지속적으로 검증하고 검증받는 공동체라는 것이다.[3] 하우어워스의 이러한 제안에 두 가지 측면이 담겨 있다. 하나는 교회됨의 본질에 관한 것이고, 다른 하나는 교회됨의 윤리에 관한 것이다.

먼저, 교회됨의 본질에 관해 살펴보자. 하우어워스에게서 복음은 교회의 핵심이자 본질이다. 그에 따르면, 예수 이야기가 없다면 교회일 수 없다. 이와 관련하여 우리는 하우어워스가 성경을 '이야기' 혹은 '내러티브'로 설명하는 관점에 주목할 필요가 있다.

하우어워스는 삶의 내러티브적 본성에 주목한다. 내러티브의 신학적 중요성을 강조하는 것은 성경의 형식에 대한 언급이라기보다 하나님의 본성, 자아, 그리고 세상의 본성에 대한 이해에 내러티브가 중요하다고 보았기 때문이다.

여기에는 맥킨타이어와의 교류가 큰 영향을 주었다. 하우어워스에 따르면, 인간은 결코 내러티브로부터 자유로울 수 없다.[4] 맥킨타이어가 인간을 서사적 혹은 내러티브의 존재라고 말했던 것과 무척이나 닮은 대목이다. 하지만, 정작 중요한 것은 교회가 내러티브 형식을 가지고 있다는 것이 아니라 그리스도인들이 지니고 있는 내러티브, 즉 내러티브의 종류이다.[5]

교회의 교회됨에서 특히 주목해야 하는 것은 '내러티브'이다. 덕의 공동체로서의 교회에서는 예수 내러티브가 중심이 되어야 한다. 교회는 예수 내러티브를 구현하는 곳이어야 하며, 이를 통해 시민사회가 본받을 대안공동체가 되어야 한다는 주장인 셈이다. 그리스도인들은 십자가에 박힌 구세주의 이야기를 기억하고 전하기 위한 덕을 지닌 자들로서, 교회는 십자가에서 보여주신 '평화'를 구현하는 공동체가 되어야 한다는 뜻으로 요약할 수 있겠다.

예수 내러티브에 대한 관심은 각별하다. 그는 '예수 이야기'

(Jesus narrative), '하나님의 이야기'(story of God)에 주목한다. 그에 따르면, 복음은 우리에게 존재의 방식을 부여하는 이야기로서, 우리를 변화시키고 세계를 변화시키는 데 도움을 준다.[6] 하우어워스가 예수에게 사회윤리가 있었고 사회윤리를 위한 함의가 있기에 예수 이야기가 하나의 사회윤리라는 점에 주목하면서, 교회가 세워졌다는 것이야말로 그 윤리의 예증이라고 보았던 것도 바로 이러한 맥락에서이다.

따라서 교회는 사회정책을 제시하기보다 이스라엘과 예수 이야기에 계시된 하나님의 신실하심을 기초로 삼고 또한 그 가르침을 받는 공동체를 세우는 일부터 착수함으로써, 교회됨을 추구해야 한다는 것도 이러한 배경에서 나온 것이라 하겠다.

따라서 하우어워스가 말하는 올바른 삶의 모습은 예수 내러티브를 구현하는 복음의 증인이 되는 것이다. 좀 더 분명하게 말하자면, 사회정책을 중심으로 하는 사회윤리에서 교회됨의 사회윤리에로의 전환에 예수 내러티브에의 충실이 강조되어 있다.

하지만 여기에는 사회정책에서 내러티브에로의 관점전환을 넘어서는 요소가 담겨 있다. 하우어워스에 따르면, 교회가 지닌 사회윤리의 독특성은 교회가 내러티브에 의해 형성되는 공동체라는 점이 아니라, 오히려 내러티브의 종류 즉 예수 내러티브가 말하는 독특성을 추구해야 한다.[7]

하우어워스에 따르면, 예수 내러티브는 독특한 사회윤리 혹은 정치를 제공한다. 이와 관련하여 놓치지 말아야 할 것은 하우어워스의 '정치'개념이다. 특히, 모든 정치는 궁극적으로 어떤 사람들을 육

성하는가에 의해 검증된다는 점에 주목할 필요가 있다. 하우어워스에 따르면,

> 정치신학자들이 기독교와 정치적 함의를 분리할 수 없다고 주장한 것은 타당하다고 할 수 있지만, 정치를 사회변혁의 문제에만 연관 지어서는 안 된다. 오히려 교회를 향해 던져야 할 결정적인 정치적 질문은 교회가 과연 기독교적 확신이라는 핵심적 내러티브에 충실하기 위해 어떤 공동체가 되어야 하는가를 묻는 것이어야 한다. 공동체와 정치는 과연 어떤 사람들을 육성했는지에 의해 이해되고 판단되어야 한다. 가장 바른 정치는 덕의 육성에 관심을 가지는 정치이다.[8]

하우어워스가 내러티브의 종류를 강조하는 것은 다름 아닌, 예수 내러티브를 구현해야 함을 보여준다. 그가 생각하는 예수 내러티브의 핵심가치들을 뽑아낼 수 있다면, 신뢰, 용서, 평화 등으로 말할 수 있겠다. 가령, 두려움보다 신뢰 위에 사회를 세워가는 것은 언제나 그리스도인의 사회적 책무였다.[9] 또한 용서의 가치가 강조되기도 한다. 하우어워스에 따르면, 교회는 용서받은 자들의 공동체로서, 성경에서 찾아낸 내러티브 즉 하나님의 본성이 용서하시는 분이심을 말해주는 내러티브의 공동체이다.[10]

하우어워스에 따르면, 교회는 예수 이야기로 형성된다. 예수 이야기는 예수의 삶의 형식에 상응하는 공동체를 형성시킨다.[11] 이러한 뜻에서, 복음은 교회의 필수조건인 셈이다. 교회란 이스라엘과 예수

이야기가 말해지고, 실천되며, 청종하는 곳이라 할 수 있다.[12] 말하자면, 복음은 교회를 위한 필요조건을 넘어 필수조건이다.

예수 이야기 즉 복음이야말로 교회의 핵심이며, 복음이 결여된 교회는 종교기관일수 있을지 모르나 진정한 의미의 교회일 수 없을 것이다. 그리스도인들은 십자가에 박힌 구세주의 이야기를 기억하고 전하기 위한 덕을 지닌 자들로서,[13] 교회는 십자가에서 보여주신 '평화'를 구현하는 공동체가 되어야 한다는 뜻으로 요약할 수 있겠다.

하우어워스에 따르면, 복음은 우리에게 존재의 방식을 부여하는 이야기로서, 우리를 변화시키고 세계를 변화시키는 데 도움을 준다.[14] 특별히 교회는 복음을 중심으로 하는 공동체라는 점에서 자유주의적 경향을 지닌 시민사회와 중요한 차별성을 지닌다. 이러한 생각은 교회를 그리스도 신앙에 근거한 사회윤리적 가치와 의미를 추구하고 구현하는 이야기 공동체로 보려는 의도에서 나온다.

그에 따르면, 교회는 이스라엘과 예수 그리스도를 부르시고 보내신 하나님의 이야기의 가치를 오랜 세월 실천적으로 공유해온 공동체이다.[15] 그리고 신앙인들은 교회 안에서 성경 속 하나님 이야기들과 자신들의 실제 이야기들을 나눔으로써 삶의 방식을 배우고, 하나의 살아있는 전통으로 구성한다.[16]

하우어워스가 교회는 무언가 새로운 사회윤리를 제안하기보다 그 자체로 사회윤리라고 말하는 것도 이와 무관하지 않다.[17] 그에 따르면, 교회는 자유주의적 사회공동체에 동화되어 그들에게 제시할 사회윤리의 이론과 틀을 소유했다기보다 교회 그 자체로 사회윤리이다.[18] 한 마디로, 교회공동체 안에서부터 복음의 이야기를 통해 독특한 삶의 모습을 구현해야 한다고 보는 것이다.

이러한 뜻에서, 복음서들은 예수 이야기로 형성된 공동체의 구성원이 되기 위해 필요한 훈련의 매뉴얼이다.[19] 제자들과 초대교회 그리스도인들이 그랬던 것처럼, 그리스도인은 예수 이야기를 우리 자신의 것으로 삼아야 하며, 우리 각자가 복음에 충실한 존재가 되어야 한다는 것이다. 하우어워스가 보기에, 이야기란 단지 듣는 것만으로는 알 수 없고 그 이야기대로 살아간 사람들을 본받고자 할 때 비로소 이해될 수 있다.[20]

한 가지, 하우어워스의 관점에 대한 이제까지의 비판적 읽기에서 나온 주장들에 추가하고 싶은 것이 있다. 하우어워스의 교회에 대한 이해에 '부르심을 받은 공동체'로서의 특성이 강조되지 못한 인상을 준다. 그의 교회관은 십자가의 정치 혹은 예수의 정치를 강조하는 요더의 입김에 휩쓸려 균형감각을 놓치고 있는 것 같다.

더구나, 교회가 반드시 비폭력 평화를 위한 공동체인 것만은 아니라는 점을 유의할 필요가 있다. 교회를 비폭력평화의 정치를 구현하는 곳으로 말하는 것은 전쟁과 폭력으로 찌든 우리시대의 문제들에 대한 성찰로서 의미가 있기는 하지만, 그것이 교회의 전부는 아니라는 점 또한 간과해서는 안 될 것이다. 말하자면, 하우어워스가 교회를 복음의 공동체로 인식한 것은 의미가 있지만, 교회의 다양한 모습들을 균형 있게 묘사하지 못한 아쉬움이 남는다.

다른 하나는 교회됨의 윤리 혹은 실천과제에 관한 부분이다. 교회됨은 복음에 충실해지는 것 자체로 충분하고도 자족적이다. 하우어워스에 따르면, 예수 이야기는 기독교 공동체를 형성시킬 뿐 아니라 교회 안에서 육성할 덕(德), 다시 말해 기독교적 성품을 형성시키는 원천이다.[21] 예수 이야기가 곧 사회윤리라고 말하는 것도 이와 연관이 있다. 복음에 나타난 예수 이야기와 분리된 도덕적 강조점이나 메시지란 있을 수 없다는 뜻이기 때문이다.[22]

하우어워스가 보기에, 이제까지 우리들 대부분은 기독론의 교리들 배후에 사회적 질문들이 있었다는 사실을 자주 망각해 왔으며, 그 결과 예수를 믿는다는 것은 예수의 삶을 따라 살아가는 것임을 간과해 왔다. 이는 '제자도'의 회복을 염두에 둔 진단으로서,[23] 예수 이야기가 하나의 사회윤리라는 점을 잊지 말아야 한다는 주장으로 볼 수 있겠다.

이처럼 예수 이야기를 사회윤리로 말하는 데에는 내러티브에 대한 이해가 맞물려 있다. 하우어워스는 내러티브의 신실성은 과연 우리의 삶에 어떻게 영향을 주며 우리의 삶을 어떻게 형성시켜 주는 내러티브인가에 달려있다고 본다.[24] 인간을 덕스러운 존재로 육성하는 것은 신실한 내러티브를 가진 공동체에 의해 가능하다는 것이다.[25]

이러한 뜻에서, 하우어워스는 성경에 대한 해석의 공동체로서의 교회에 주목한다. 그가 주목한 것은 성경의 용법이 아니라, 기존의 기독교윤리가 성경을 왜곡되게 사용해 왔다는 점이다.[26]

예를 들어, 예수 이야기에 사회윤리가 담겨 있다는 사실을 간과하고 그 말씀에 충실한 존재가 되기를 힘쓰는 노력에 집중하지 못했던 것이 그 대표적인 경우이다. 문제는 성경에 있는 것이 아니라, 우리들 자신에게 있다고 말하는 것으로 해석할 수 있겠다.

이러한 뜻에서, 복음서들은 예수 이야기로 형성된 공동체의 구성원이 되기 위해 필요한 훈련의 매뉴얼이라 할 수 있다.[27] 마치 초대교회 제자들이 그랬던 것처럼, 그리스도인은 예수 이야기를 우리 자신의 것으로 삼아야 하며, 우리 각자가 복음에 충실한 존재가 되고자 하는 것이야말로 우리들 삶의 본질임을 깨달을 때 비로소 그 진리를 이어갈 수 있다는 생각인 셈이다.[28]

하우어워스가 보기에, 이야기란 단지 듣는 것만으로는 알 수 없고 그 이야기대로 살아간 사람들을 본받고자 할 때 비로소 이해될 수 있기 때문이다.[29] 이러한 의미에서, 복음은 교회를 위한 충분한 혹은 자족적 조건이다.

복음보다 앞서 교회가 추구해야 할 다른 그 어떤 목적이나 비전은 없다. 복음적인 교회가 되는 것보다 더 중요하고 긴요한 것은 있을 수 없다. 문제는 오늘의 교회가 복음으로 만족하지 못하는 경향을 보인다는 점이다.

✝ 예수 내러티브에 충실해지기

하우어워스가 말하는 교회됨의 요점은, 교회란 예수 이야기를 구현하는 공동체이어야 한다는 데 있다. 그에 따르면, 교회는 예수 이야기를 실천하는 공동체, 복음의 공동체가 되어야 한다.[30]

교회는 진리를 선포하고 진리를 따라 사는 공동체이어야 하며, 사회정책이나 윤리적 실천을 위한 기독교의 전략을 제시하기보다 십

자가에 못 박히신 메시아의 이야기를 말해줄 수 있는 공동체가 되어야 한다는 것이다.[31]

이러한 뜻에서, 하우어워스의 윤리에서 예수 내러티브는 중요한 가치를 지닌다. 하우어워스는 예수 내러티브를 강조함으로써 성경의 중요성을 복권시키고 윤리의 중심에 놓았다. 그에 따르면, 복음서들은 예수 이야기로 형성된 공동체의 구성원이 되기 위해 필요한 훈련의 매뉴얼이며,[32] 그리스도인들은 복음을 통해 제자의 길을 걸어야 한다.

복음이 교회의 필요충분조건이라면, 혹은 교회됨의 가장 중요한 요소가 복음이라는 점에 동의할 수 있다면, 한국교회는 과연 교회됨에 충실하고 있는지 묻고 싶다. 하우어워스가 한국교회를 위해 어떤 통찰을 줄 수 있을지 짚어보자는 뜻이다. 혹은 한국교회가 더욱 교회다운 교회로 성숙할 수 있는 통찰들을 하우어워스에게서 배울 수 있을지 살펴보자는 것이다. 하우어워스의 한국적 읽기를 조심스럽게 시도하고 제안하고 싶은 셈이다.

이를 위해, 하우어워스의 중요한 질문을 반추할 필요가 있다. 과연 교회는 성경의 내러티브를 삶의 중심으로 삼는 공동체가 되고 있는가?[33] 하우어워스의 진단은 복음에 충실한 사람들과 공동체를 육성하려는 시도가 거의 없었다는 것이다.[34] 그가 교회로 교회되게 하는 일에 관심을 갖는 것은 여러 요소가 배경으로 작용했겠지만, 무엇보다도 교회가 복음에 충실하지 못한 모습에 대한 문제제기로 해석하고 싶다.

하우어워스가 사회문제에 대한 기독교적 전략을 제공하기보다 교회자체가 사회윤리라고 말했던 것도 본질적으로, 교회란 하나님의 이야기가 시행되고 선포되며 듣는 곳이라는 사실을 기억하게 해준다.[35]

그에 따르면, 윤리는 사회정의의 문제를 다루는 일에 국한되어서는 안 된다. 오히려 우리가 확신하고 있는 예수 그리스도의 삶과 죽으심, 그리고 부활하심을 통해 드러난 진리의 문제를 다루어야 한다.[36] 교회는 예수 이야기에 대한 신실성을 가진 공동체가 되어야하며, 예수 이야기를 성품화시키는 덕의 공동체가 되어야 한다는 뜻이 담겨 있는 셈이다.[37]

짚고 넘어가야 할 것이 있다. 교회의 교회됨을 위한 한국적 읽기에 앞서, 하우어워스가 지칭하는 교회는 과연 무엇인가 하는 점이다. 그것은 현실에 있는 특정한 교회나 교단이라기보다 구현해야할 교회 즉 '되어야 할 교회'라는 점을 놓치지 말아야 한다. 다시 말해, 특정한 교회를 비난하는 일 혹은 추켜세우는 작업보다 교회의 교회됨 그 자체에 주목해야 한다는 점이 중요하다.

사실, 하우어워스 자신의 교회에 대한 입장 자체가 복잡한 배경들로 구성된 난처함을 가진 면이 없지는 않다. 그럼에도 불구하고 교회됨을 말하는 것을 하우어워스 자신의 표현대로 옮겨 보자면, 신실한 그리스도인이 되고자 한다면 반드시 구현되어야 하는 교회를 위한 관심이 필요하다는 뜻으로 요약할 수 있겠다.[38]

하우어워스의 한국적 읽기에서 제기해야 할 질문들이 있으리라 본다. 하우어워스의 '교회됨을 위한 윤리' 혹은 교회를 향한 윤리적 통찰에서 한국교회가 반추해야 할 것은 과연 무엇인가? 크게 두 가지에 주목하고자 한다.

첫째, 한국교회는 과연 '복음'을 '교회로 교회되게 하는' 데 '필요하고도 필수적이며 충분하고도 자족적인 조건'으로 인식하고 있는지 진솔하게 되돌아보아야 할 듯싶다. 교회됨 혹은 교회로 교회되게 하는 관심 자체가 부족한 것은 아닐지, 솔직히 자신이 없다.

교회는 성경을 예배와 삶에 적용함으로써 성경의 권위를 세우는 공동체이어야 하건만,[39] 교회성장을 위한 것이라는 명분으로 시행되는 이벤트 혹은 프로그램이 복음을 대신할 수는 없음을 우리는 종종 간과하고 있다. 그리고 복음 없는 설교보다 더 비극적인 것은 없다.

설교자의 개인소견이나 기복을 위한 메시지가 복음을 대신해서는 안 될 것이다. 게다가 다음세대를 위한 교회교육이 특정한 틀에 맞추어 복음으로부터 빗나가고 있는 것은 아닐지 진솔한 성찰과 개선이 필요해 보인다.

이러한 내용들을 통해 볼 때 하우어워스의 관심은 복음에 대한 진정한 관심과 재발견을 촉구하는 데 있다고 해석해 봄직하다. 그의 윤리를 둘러싼 반론과 질문들 즉 성경을 어떤 관점에서 해석하고 있는가, 그의 성경해석의 문제점은 무엇인가를 따지기 보다는 그가 성경의 권위를 재발견하도록 강조하고 있다는 사실 그 자체에 의미를 두어야 할 듯싶다.

사실, 하우어워스의 소속교단, 출석교회, 신학적 훈련의 배경과 경력 등을 따지기 시작하면, 그를 둘러싼 신학적 논쟁들은 복잡해질 수 있다. 그런 류의 질문이 무의미하다는 뜻이 아니다. '되어야 할 교회' 즉 '교회됨'에 관한 그의 문제의식, 예수 이야기로 표현되는 성경에 대한 그의 관심에 대한 바른 평가가 필요하다.

둘째, 한국교회는 '복음'을 '세상을 세상 되게 하는' 데 충실하게 적용하는 '섬김의 공동체'가 되고 있는지 자성해야 한다. 하우어워스는 이제껏 교회가 예수 이야기에 충실한 덕스러운 사람을 육성하는 데 소홀히 해온 탓에 교회만의 독특한 정치를 인정받지 못해왔으며, 결과적으로 그리스도인 뿐 만 아니라 세상 사람들에게도 오늘의 세상을 인식하고 해석해줄 능력을 결여하고 있다고 본다.[40]

교회는 사회에 에토스를 제공하기 위해 존재하는 것이 아니라, 정치적 대안이어야 한다고 생각하는[41] 하우어워스에게서 교회로 교회되게 하는 일은 곧 세상으로 세상이게 하는 것이다. 이것을 '교회의 으뜸가는 책무는 교회로 교회되게 하는 것(to make the church the church) 이며, 세상을 세상이게 하는 것(to make the world the world)'이라고 표현하기도 한다.[42]

하우어워스는 세상을 세상이게 하는 것을 '섬김의 공동체'(the servant community)가 되는 것이라 표현한다.[43] 여기에서 섬김이란 직접적인 자원봉사(volunteerism)를 지칭한 것이라기보다 세상으로 하여금 자신의 모습을 제대로 볼 수 있도록 깨닫게 하는 섬김이요, 평화를 위한 노력이라는 의미에서의 섬김에 가깝다.

교회는 세상으로 하여금 세상의 본 모습을 깨닫게 해야 한다.[44] 세상으로 하여금 이 세상의 주인은 사람이 아니라 하나님이심을 깨달을 수 있도록 도와야 한다는 것이다. 세상은 하나님의 피조물로서, 하나님의 주권 하에 있으며 비록 죄로 인해 왜곡되기는 했지만 여

전히 하나님의 선하심에 속하는 영역임을 일깨워주어야 한다는 뜻
이다.[45]

이를 통해 교회는 하나님을 알지 못하는 정치의 '대조모델'이 되
어야 한다.[46] 무엇보다도, 폭력을 기초로 삼는 이 세상의 정치에 대
해 교회가 사회적 대안이 되어야 한다는 것이다.

안타깝게도, 한국교회는 세속정치의 대조모델 혹은 대안이 되기
도 전에, 심각한 시민적 비난과 지탄에 직면해 있다. 그 내용을 일일
이 나열하는 것조차도 부끄럽기 짝이 없다.

문제는 비난과 정죄와 심판이 아니라, 해결책 또는 대안의 모색이
다. 하우어워스에게 주목하는 가장 큰 이유는 교회로 교회되게 하
며 복음에 충실하게 하는 그의 통찰이 오늘의 한국교회 현실과 그
비전을 위한 대안 또는 길잡이가 되리라 생각되기 때문이다.

✝ 복음대로 사는 윤리

'복음'에 대한 이해와 해석들이 관점에 따라 다양할 수 있다는
점에서 찬반논변의 여지는 있다. 과연 누가, 어떤 퍼스팩티브에서
복음을 인식하는가에 따라 하우어워스에 대한 이해 또한 달라질
수 있을 것 같다.

더구나 하우어워스가 맥킨타이어의 영향을 받아 현대적 의미의
덕 윤리학자들과 자들의 관점에 채색되어 있을 가능성이 크다는
점에 대해서도 신학적 논변 혹은 찬반의 여지는 있다.

그럼에도 불구하고, 예수 이야기로서의 복음과 콘스탄틴주의적

결탁에 빠지기 쉬운 현대사회에서 교회됨을 말하는 그의 문제의
식만큼은 한국적 읽기에서도 결코 소홀히 할 수 없는 요소이다.

바라기는, 하우어워스의 한국적 읽기가 교회를 둘러싼 신학적 논
변으로 변질되기보다는 '복음의 성품화'를 위한 모색으로 이어졌으
면 한다. 우리의 일상언어에 나타나는 '몸에 배인 친절'이라는 표현
을 응용하자면, 예수 이야기를 가진 그리스도인들이 '몸에 배인 복
음'의 사람이 되어야 할 듯싶다. 이러한 뜻에서, 하우어워스가 교회
를 덕의 학교가 되어야 하리라고 말했듯,[47] '복음의 성품화'를 위한
관심이 깊어져야 한다.

한국적 맥락에서 하우어워스를 읽는다는 것은 단순히 그의 윤리
를 요약하거나 소개하는 단계를 넘어 한국교회의 윤리적 성숙을 위
한 대안 혹은 통찰을 제시하는 것이어야 한다는 점에서, 크게 두 가
지에 주목해야 한다. 하나는 복음의 공동체로서의 교회의 재인식이
한국교회에 절실하게 요청된다는 점, 다른 하나는 한국교회가 시민
적 비판에 직면하여 자기방어에 급급해 하는 소극적 태도에서 벗
어나야 한다는 점 즉 '복음에 합당한 삶'의 모습을 보여주는 진정한
의미의 덕의 공동체가 되어 시민사회의 대안 혹은 대조모델로 자리
매김해야 한다는 적극적 과제를 제시하고 싶었던 셈이다.

이러한 뜻에서, 이 글은 '하우어워스'라는 한 사람의 신학적 거장
이 제안하는 이론 그 자체에 매료되거나 함몰되기보다 한국적 읽기
의 노력이 더욱 풍요로워지기를 바라는 기대를 담고 있다.

그가 2001년 〈TIME〉이 선정한 'the Best Theologian'이기
때문에 관심을 갖는 것이 아니라, 복음을 통해 교회로 교회되게 하

는 본질적 관심이 깊어져야 한다는 뜻이다. 복음에 충실한 교회, 복
음을 성품화하는 덕의 공동체를 구현하는 것이 한국교회의 미래를
위한 비전으로 가치가 있는 것이라 확신하기 때문이다.

1. Stanley Hauerwas, 『교회됨』, 14.

2. 같은 책, 189.

3. 같은 책, 189.

4. 같은 책, 246.

5. 같은 책, 20.

6. Stanley Hauerwas, *Truthfulness and Tragedy* (Notre Dame, IN: University of Notre Dame Press, 1977), 73.

7. Stanley Hauerwas, 『교회됨』, 20.

8. 같은 책, 17.

9. 같은 책, 151.

10. 같은 책, 142.

11. 같은 책, 112.

12. Stanley Hauerwas, *The Peaceable Kingdom : A Primer in Christian Social Ethics* (Notre Dame, IN: University of Notre Dame Press,

1983), 99-100.

13. 같은 책, 103.

14. Hauerwas. S., *Truthfulness and Tragedy* (Univ. of Notre Dame Press, 1977), 73.

15. Hauerwas, S., *Christian Existence Today: Essays on Church, World, and Living in Between* (Durham, NC: Duke University Press, 1988), 102.

16. Stanley Hauerwas, 『교회됨』, 145.

17. Stanley Hauerwas, *The Peaceable Kingdom*, 99.

18. 같은 책, 99.

19. 같은 책, 107.

20. 같은 책, 292.

21. 같은 책, 187.

22. 같은 책, 94.

23. 같은 책, 84.

24. 같은 책, 191.

25. 같은 책, 226.

26. Michael G. Cartwright, in *The Hauerwas Reader*, 640.

27. Stanley Hauerwas, 『교회됨』, 107.

28. 같은 책, 113.

29. 같은 책, 292.

30. 같은 책, 97.

31. Stanley Hauerwas, *Christian Existence Today*, 160.

32. Stanley Hauerwas, 『교회됨』, 107.

33. 같은 책, 141.

34. 같은 책, 151.

35. Stanley Hauerwas, *Christian Existence Today*, 101.

36. 같은 책, 161.

37. 하우어워스가 평화를 강조했다는 점을 놓쳐서는 안 된다. 아마도 요더의 영향이 컸던 것 같다. 십자가에서 보여주신 예수의 정치를 구현하는 평화의 공동체가 되어야 한다는 요더의 생각을 수용하고 있는 셈이다.

38. Stanley Hauerwas, 『교회됨』, 24.

39. 같은 책, 141.

40. 같은 책, 151.

41. 같은 책, 32.

42. Stanley Hauerwas, *Hannah's Child*, 158.

43. Stanley Hauerwas, *The Peaceable Kingdom*, 99.

44. 같은 책, 102.

45. 같은 책, 100. 하나님의 주되심(lordship)에 대한 강조로 볼 수 있다.

46. Stanley Hauerwas, 『교회됨』, 171.

47. 같은 책, 168-174.

5. 복음을 성품화하라

✝ 교회됨, 기독교 덕 윤리의 비전

하우어워스의 교회윤리는 덕 윤리를 통해 교회됨을 설명하는 방식을 취한다. 이와 관련하여, 덕 윤리의 배경이 되는 '자유주의-공동체주의 논쟁'에서 어느 편 주장이 타당한 것인가의 문제는 그 자체로 학술적 의의가 있는 주제이기는 하다. 그러나 좀 더 집중해야 할 문제는 하우어워스의 기독교적 덕 윤리가 공동체와 내러티브, 그리고 교회의 교회됨의 문제라는 점을 간과해서는 안 된다.

교회의 개혁을 위한 방법론으로 덕 윤리에 주목하는 이유는 무엇인가?[1] 이 질문은 덕 윤리를 통한 교회됨의 가능성을 성찰한 하우어워스의 문제의식을 대변해준다. 간결하게 정리하는 것 자체가 쉽지 않지만, 하우어워스의 핵심은 교회됨을 통한 교회개혁에 있다.

말하자면, 교회의 개혁을 추구하되 예수 내러티브에 충실한 그리스도인다움의 함양 즉 덕성 및 성품의 함양에 주목함으로써 교회의 복음적 정체성을 확립하는 노력을 촉구한 데 있다. 교회됨을 위한 문제의식을 풀어내는 과정에 덕 윤리의 현대적 재론이 신학적 기초로 작용하고 있는 셈이다.

이것을 두고 하우어워스를 비롯한 덕 윤리가 행위에서 존재로 윤리의 초점을 변경시킨 것이라고 평가하는 경우도 있다. '무엇을 해야 하는가?'(what ought I to do?)가 아닌 '어떤 존재가 되어야 하는가?'(what ought I to be)를 문제 삼는 관심의 전환을 이루었다는 뜻이다. 다시 말해, 덕 윤리는 도덕의 초점을 특정한 행위로부터 '배경'의 문제에로 전환시켰다. 성품, 인격적 헌신, 공동체전통 등에 주목하기 시작한 셈이다.[2]

하우어워스의 문제의식은 자신의 문장 속에 축약되어 있다. '교회의 으뜸가는 책무는 교회 자체가 되는 것'이다.[3] 교회로 교회되게 하는 윤리 혹은 교회됨의 윤리라고 표현할 수 있을 이 문장은 하우어워스의 문제의식을 대변해준다. 교회가 교회답지 못하거나 교회의 본래적 정체성에 충실하지 못하다는 안타까움이 하우어워스의 윤리에 반영되어 있는 셈이다.

무엇보다도, 교회됨이야말로 문화적이고 시대적인 맥락을 초월하여 그 자체로 중요성을 지닌 것이라는 사실에 주목해야 할 것이다. 교회다운 교회가 되는 것을 기독교윤리의 핵심과제로 삼아야 한다는 이 제안은 기독교윤리학에 국한될 것이 아니라, 그리스도인 모두에게 공유되어야 할 통찰이라 하겠다.

물론, 하우어워스의 미국적 정황과 한국의 그것이 의미상 동치를
이룰 수는 없다. 하지만, 교회됨이 절실한 한국교회의 맥락에서 문
제의식의 핵심은 아무리 강조해도 지나치지 않다. 이는 먼저 기독
교윤리의 개혁을 통해 교회됨의 구현을 도모한 것으로 해석할 수
있겠다.

실제로, 하우어워스는 『교회됨』의 첫 장에서 자신의 문제제기가
루터의 95개조 반박문에 견줄만한 일임을 암시하기도 했다. 마치
종교개혁자들과도 같은 심정으로 교회됨을 기독교윤리의 핵심에
복권시켜야 한다는 문제의식을 보여준 셈이다.

하우어워스가 보기에, 기독교윤리의 핵심은 '교회'이어야 한다.
기독교의 윤리적 응답은 교회에서 시작되어야 한다고 말했던 대목
은 이러한 생각을 상징적으로 대변해준다.[4]

이는 이제까지의 기독교윤리가 추구해온 사회정책이나 전략의
제시보다 교회됨이라는 윤리적 정체성 확립이 기독교윤리가 추구
해야 할 본질이요 핵심이라는 사실을 강조해준다. 하우어워스에게
붙어 다니는 '교회윤리'(ecclesial ethics)라는 별명은 이러한 특성을
잘 반영해주고 있다.

요컨대, 하우어워스가 기독교윤리라는 분과학문의 개혁을 말하고
있는 것 같지만, 이는 궁극적으로 '되어야 할 교회'의 윤리적 이상과
개혁의 필요성을 제시해준 것으로 해석되어야 한다.

하우어워스의 이러한 관점에는 오늘의 교회가 교회답지 못하다
는 인식이 작용하고 있다. 하우어워스는 교회가 '자유주의' 정치에
동화되어 정체성을 상실했다고 판단하여, 자유주의의 대안이 되는

덕 윤리의 '공동체주의'에 큰 관심을 표명하고 이를 적극 수용한다.

하우어워스가 기독교와 자유주의 정치체계를 연계시키려는 시도들에 도전장을 던진 것도 이러한 배경에서 이해되어야 할 것이다.[5] 교회는 그 자체로 존재이유를 가지고 있다는 확신 때문이다. 다시 말해, 교회란 사회정책과 전략의 공작소이기를 멈추고 그 본래적 정체성에 충실해져야 한다는 주장이다.

하우어워스가 공공신학과는 달리 '덕 윤리'에 주목한 것은 덕 윤리의 공동체주의적 통찰이 교회의 교회됨에 결정적인 영향을 줄 수 있으리라 기대했기 때문이다.

특히, 네오-아리스토텔레스주의를 이끄는 맥킨타이어의 덕 윤리와 공동체주의는 하우어워스로 하여금 기독교윤리의 공동체적 배경이 되는 '교회'에 주목하게 했다.[6] 이른바 '기독교공동체주의'를 추구하고 있는 셈이다.[7]

말하자면, 교회가 정치적 자유주의와 결탁하여 사회정책과 전략을 제공하는 일에 함몰되어 본래적 정체성을 망각하는 길에서 돌이켜야 함을 촉구한 것으로 볼 수 있다.

교회로 하여금 본래적 정체성을 회복하고 교회에 주어진 예수 내러티브에 충실해짐을 통해 교회됨을 구현하는 것이야말로 진정한 의미의 교회개혁을 추구하는 길이 되리라는 것이 하우어워스의 생각일 듯싶다.[8]

✝ 비판과 반론 속의 덕 윤리

하우어워스에게서 볼 수 있는 덕의 전통에의 복귀 내지는 덕의 회복에 대한 논의는 신학보다는 현대영미철학에서 주로 다루어졌던 주제이다. 그 배경에는 현대사회의 윤리적 위기에 대한 진단과 처방이 작용하고 있다.

특히 맥킨타이어의 '아리스토텔레스 전통의 재건'으로 대변되는 문제의식 즉 현대의 덕 윤리에서는 현대사회가 윤리적 위기에 처했다는 관점에서부터 출발할 필요가 있다.

맥킨타이어는 그 원인을 칸트의 계몽주의적 기획의 불가피한 귀결이라고 진단하면서 공동체주의와 덕 윤리의 회복을 대안으로 제시한다. 이러한 덕 윤리의 현대적 재론을 둘러싸고 여러 비판들이 제기되고 있으며 이들 비판에 대한 덕 윤리학자들의 반론이 팽팽하게 이어지고 있다.

신학에서도 예외는 아닌 듯싶다. 덕 윤리에 대한 찬반논변은 현대기독교윤리학자들에게 중요한 관심사의 하나로 떠올랐으며, 특히 하우어워스를 둘러싼 반향들은 첨예한 대립으로 이어지고 있다. 다만, 현대영미철학이 덕 윤리의 현대적 수용 그 자체에 관한 찬반논변에 초점을 맞추는 것과는 달리, 신학에서는 덕 윤리의 기독교적 수용에 초점을 맞추고 있다는 점이 다를 뿐이다. 덕 윤리에 대한 모든 사항들을 개괄하기보다 덕 윤리의 기독교적 수용과 이에 따른 비판 및 기독교 덕 윤리학자들의 반론들을 살펴보고자 한다.

덕 윤리의 개념과 그 현대적 의의를 단적으로 요약하기는 쉽지 않다. 덕 윤리와 기독교와의 연관성에 주목한 코트바(Joseph Kotva,

Jr.)의 논지를 응용하자면, 덕 윤리의 현대적 재론에서 두드러진 몇 가지 요소들에 주목할 필요가 있다. 인간의 도덕적 변화의 중요성, 변화의 이상으로서의 텔로스에 대한 강조, 공동체적 행위의 중요성, 그리고 내러티브의 강조 등은 현대적 덕 윤리를 통해 기독교가 큰 유익을 얻을 수 있는 요소들이다.

인간의 변화로서의 성화, 텔로스로서의 그리스도, 교회 공동체를 통한 그리스도인다운 성품의 함양, 그리고 교회의 내러티브로서의 예수 내러티브의 중요성 등은 덕 윤리의 기독교적 수용을 통해 얻을 수 있는 주목할 만한 요소들이다. 물론, 예수중심성, 은혜와 용서의 중요성 등 주요한 신학적 기준에 따라 덕 윤리의 변경이 필요하다는 점은 간과해서는 안 될 부분이다.[9]

이러한 특징을 지닌 덕 윤리의 기독교적 수용에서 제기될 수 있는 비판은 크게 네 가지 정도로 요약된다.[10] ① 덕 윤리가 자아중심적 혹은 나르시스적 요소를 지니고 있다는 점에서, 기독교적인 것이 될 수 없다는 비판, ② 덕 윤리의 구현 자체가 지나치게 이상적이고 귀족적 특징을 지니고 있으며, 기독교가 추구하는 정의관과 어울리지 않는다는 비판, ③ 덕 윤리보다는 기존의 다른 윤리 이론이 기독교의 도덕적 조망을 반영하기에 더 적합하다는 비판, 그리고 ④ 덕 윤리는 '소종파적'이어서, 시민사회로부터의 퇴거를 부추기거나 혹은 상대주의적 색채를 지닌다는 비판 등이다.[11]

이들 비판 각각에 대해 정밀하게 다룰 수는 없다. 오히려 이러한 비판들에 대한 덕 윤리의 반론들을 개괄하는 것이 효율적일 듯싶다. 이들 비판에 대해 덕 윤리에서도 나름대로 설득력 있는 반론들을 제시하고 있다는 점에서, 이 부분을 개괄적으로 이해하면 덕 윤리의 현대적 재론이 지닌 특성과 신학적 이슈의 윤곽을 묘사할 수 있을 것으로 기대된다. 특히 네 번째 비판과 그에 대한 반론은 하우어워스의 덕 윤리를 다룰 때 '자폐적 교회관'의 문제와 연관될 수 있는 비판이라는 점에서 더욱 유의할 필요가 있다.

덕 윤리의 신학적 수용에 대한 비판을 염두에 두면서, 기독교 덕 윤리학자들의 반론을 살펴보자. ① 나르시시즘의 문제, 즉 덕 윤리 자체가 자아의 완성을 강조하는 것이기에 하나님께 초점을 맞추는 기독교윤리와 어울릴 수 없다는 비판에 대해, 덕 윤리학자들은 이러한 비판이 근본적으로 오해에서 비롯된 것이라고 반론한다.

덕 윤리학자들에 따르면, 자아의 변화를 말하는 것은 모든 윤리의 기본요소이며, 다만 표현방식이 다를 뿐이다. 덕 윤리가 성품의 함양을 말한다고 해서 나르시스적인 것으로 몰아세우기보다, 오히려 어떤 성품을 어떻게 함양하려 하는가에 더 주목할 필요가 있다는 반론인 셈이다. 예를 들어, 덕 윤리의 기독교적 수용에서 은혜에 의한 성품의 변화를 강조한다는 점은 결코 간과되어서는 안 될 요소일 듯싶다.

② 귀족적 성향의 문제란, 덕 윤리가 자아의 완성을 강조하면서 제시하는 인간의 텔로스와 인간상 자체가 지나치게 이상적이라는 비판이다.[12] 이에 대해 덕 윤리에서는 인간의 텔로스가 본성상 공동체적이라는 점을 들어, 이 비판이 덕 윤리를 재대로 이해하지 못한 것이라고 반론한다. 특히 기독교적 수용과정을 통해 하나님과 이웃에 대한 사랑과 섬김을 텔로스 개념에 포함시킬 수 있다는 점에서,

덕 윤리를 귀족적 성향으로 몰아세우는 것은 공정하지 못하다는 것
이 덕 윤리의 반론이다.

③ 덕 윤리보다 기존의 다른 윤리이론이 기독교의 도덕적 조망을
더 잘 반영해준다는 비판, 즉 굳이 덕 윤리를 수용할 필요가 없다는
주장에 대해서는 관점의 차이 혹은 선택의 문제라는 반론을 제기할
수 있다.

사실, 각자의 학문적 관심에 따라 특정한 윤리이론을 선택한 것을
두고 비판할 것까지는 없어 보인다. 오히려 덕 윤리가 덕목, 역할모
델, 그리고 개인의 도덕적 성장, 공동체의 중요성 등을 강조해줄 수
있음에 착안한 점은 기독교윤리의 다양성을 확장한다는 점에서 의
미가 있어 보인다.

가장 유의해야 할 비판은 ④ 소종파주의적 성향에 관한 것이다.
이는 특히 하우어워스에 대한 비판에서 가장 강력하고도 중요한 것
으로 평가되곤 한다. 내용상으로, 크게 두 가지 의미로 해석될 수 있
다. 덕 윤리가 사회적 책임을 멀리하고 퇴거하려 한다는 비판, 그리
고 역사적 혹은 인식론적 상대주의에 속한다는 비판이 그것이다.[13]
덕 윤리가 더 큰 사회에 대한 참여를 제한하는 경향이 있다는 비판
인 동시에, 덕 윤리가 상대주의적 성향을 지니고 있어서 윤리적 절
대성을 포기하는 것과 다르지 않다는 비판이다.

이러한 비판에 대해, 덕 윤리학자들은 덕 윤리가 정직, 신실함, 실
천적 지혜 등의 덕목들을 제시하는 것은 정직하고 신실한 삶을 권
장하는 것으로서, 실천적 상대주의를 주장하는 것은 아니라고 반론
한다.

무엇보다도, 사회적 무책임성과 퇴거라는 비판에 대해서는 비판가들이 덕 윤리의 사회성을 간과하고 있다는 점을 강변한다. 덕목들 자체가 사회적 연관성을 지니고 있다는 점에서, 무책임과 퇴거의 위험을 말하는 비판 자체가 타당하지 못하다고 반론한다.[14] 더욱이, 덕 윤리가 소종파적 퇴거를 의도한 것이 아니라,[15] 공동체적 분별을 거쳐 선택적인 참여를 제시하려는 것이라는 점을 강조한다.

사실, 덕 윤리에 대한 비판들이 과연 타당한 것인지 혹은 덕 윤리 학자들의 반론이 설득력을 가진 것인지의 문제는 향후 덕 윤리의 논의가 어떻게 조정되고 발전될 것인지를 두고 판단해도 늦지 않을 듯싶다. 주목할 것은, 비판과 반론 속에 있는 덕 윤리에 대한 관심이 여전히 주목을 받고 있다는 점이다. 특히, 하우어워스의 덕 윤리에 대한 관심이 두드러지게 나타나고 있다.

그렇다면, 덕 윤리에 대한 비판들이 매우 강력함에도 불구하고, 특히 하우어워스에 대한 비판이 상존하고 있음에도 불구하고 기독교적 덕 윤리와 하우어워스에 대한 관심이 오히려 증대되고 있는 이유는 과연 무엇일까?

아이러니하게도, 이 문제는 하우어워스가 혹독하게 비판받는 바로 그 요인 즉 교회됨을 위한 하우어워스의 문제의식으로부터 풀어내야 할 듯싶다. 하우어워스를 제대로 읽어내기 위해서는 비판적 관점들을 신중하게 고려하면서, '교회됨'의 문제의식에 초점을 맞추어야 한다는 뜻이다.

이러한 뜻에서, 하우어워스의 교회관을 '자폐적'이라고 예단하여 비판하기 전에, 그가 진정으로 교회를 향하여 던지고 싶었던 제안이 무엇이었는지를 바르게 이해하려는 노력이 선행되어야 할 것이다. 사실, 하우어워스의 윤리는 칸트에게서 연원하는 자유주의 윤리학의 전제 즉 보편타당의 독립적 존재로서의 합리적 행위자 개념과는 대척점에 있다.

하우어워스의 기독교공동체주의는 칸트적 자유주의 윤리학에 대한 반동으로서, 도덕에 대한 공동체적 관점은 하우어워스로 하여금 내러티브의 공동체적 분별, 그리고 윤리적 텔로스에 대한 공동체적 이해를 추구하도록 이끌어주었다.

하우어워스가 선택한 덕 윤리의 공동체주의적 설명법을 따르자면, 행위자는 개인으로서 결단을 내리지만 그 결단의 배경 즉 우정, 멘토, 롤 모델 등의 중요성에 유의해야 한다. 도덕이란 행위자 개인의 문제라고만 할 수 없다는 뜻이다.

다시 말해, 행위자 개인은 도덕적 지침, 견책, 격려 등을 포함하는 관계적 맥락 안에서 도덕적 결단을 내리는 것이기에, 공동체는 도덕적 숙고를 위한 중요한 자원을 제공한다.[16] 이것이 바로 하우어워스가 덕 윤리와 공동체주의를 통해 교회에 대한 관심을 강조하고 교회됨의 중요성을 부각시킨 배경이라 할 수 있다.

특히, 덕 윤리에서 인간의 텔로스를 본질적으로 공동체적인 것이라고 인식한 점은 덕 윤리의 기독교적 수용에서 중요한 병행구조로 나타난다. 예를 들어, 창1:27에 나타난 하나님의 형상으로서 인간의 본질적인 구성요소로서 관계성을 강조하고 있으며, 하나님께서 애굽에서의 해방을 통해 족이라는 공동체를 세우셨고, 신약에서 바울이 교회를 그리스도의 몸으로 설명한 것 등은 성경이 인간을 공동체적 존재로 인식하고 있음을 보여준다. 덕 윤리가 추구하는 공동체주의와 연계될 수 있는 신학적 기초가 충분하다는 뜻일 듯싶다.

나아가, 그리스도인이 추구해야 할 텔로스는 본질적으로 공동체적이다. 무엇보다도, 그리스도인의 그리스도인다움의 구현은 교회라는 공동체적 맥락을 통해 인식되어야 한다.

덕 윤리에서 보면, 그리스도인다움이란 고독의 경지에 들어가거나 하나님께 몰입하는 것이 아니다. 단적으로, 그리스도의 몸 된 교회 안에서 그리스도의 장성한 분량에 이르기 위해서는 상호복종, 상호인정, 상호고백이라는 공동체적 요소들이 필요하다.[17]

이러한 공동체적 맥락은 바울에게서 분명하게 드러난다. 바울서신에서 그리스도인의 삶은 개인과 공동체의 모두에 해당한다. 예를 들어, 바울이 고린도교회를 꾸짖은 것은 성만찬을 하면서도 하나됨과 서로에 대한 관심을 구현하지 않았기 때문이라 할 수 있다(고전11:17-34).

또한 도덕을 개인적인 것인 동시에 공동체적인 것으로 보는 바울의 관점은 교회를 그리스도의 몸에 비유한 곳(고전12:12-31, 롬12:4-5, 고전10:17)에서 볼 수 있다. 말하자면, 바울이 그리스도인의 도덕이 상호의존적인 것이라는 사실을 강조해준 셈이다.[18]

덕 윤리가 행위자로서의 인간을 공동체적 존재로 인식하고, 개인의 인격함양 및 상호관계와 협력의 중요성을 강조하는 특성은 '교회'의 중요성에 대한 강조로 나타난다.

특히, 하우어워스의 덕 윤리에서 공동체적 맥락의 중요성은 교회

됨의 추구에서 정점에 이른다. 교회를 통해 그리스도인의 성품이
함양된다는 인식, 예수 내러티브의 공동체로서의 교회에 대한 인식
등은 이러한 배경에서 이해될 필요가 있다.

✝ 복음을 성품화하라

하우어워스가 교회됨을 통한 교회의 갱신 혹은 개혁을 덕 윤리
와 연관 짓는 과정에서 보여준 또 다른 요소는 방법론의 문제이
다. 여기에서, 하우어워스를 비롯한 기독교 덕 윤리학자들은 성품
의 문제와 덕성의 함양에 큰 관심을 가진다는 점에 유의할 필요가
있다.

특히, 하우어워스의 교회됨을 위한 방법론은 '복음의 성품화'로
요약될 수 있다. 이는 덕 윤리학자들이 그 초점을 의무론의 '행위'
(doing)에서 '존재'(being)로 전환시킨 것과 연관이 있다. 하우어워
스와 기독교 덕 윤리학자들에 의해 그리스도인다운 그리스도인의
성품을 함양하는 윤리를 강조한 것 자체가 이러한 전환의 핵심을
보여준다.

하우어워스에 따르면, 교회는 성품의 공동체 혹은 덕의 학교
(school of virtue)이어야 한다. 무엇보다도, 교회는 예수 내러티브의
공동체이어야 하며, 그리스도인들을 예수 내러티브에 충실한 그리
스도인이 되게 하는 덕의 훈련장이 되어야 한다는 것이 하우어워스
의 강조점이다. 말하자면, '복음의 성품화'를 위한 덕성의 훈련, 신
앙의 강화, 윤리적 성숙을 추구하는 것이라 할 수 있겠다.

구체적인 예로, 하우어워스가 예수 내러티브의 성품화를 강조하면서 관심을 가졌던 '제자도'에 대해 생각해 보자. 물론, 이제껏 하우어워스 이외에 제자도에 관한 신학적 성찰이 없었던 것은 아니다. 아마도 그리스도인이 구현해야 할 특성을 가장 강력하게 표현해주는 개념은 '제자'라는 사실에 이의를 제기할 사람은 없을 것이다.[19]

제자도에 관한 한, 주목할 만한 여러 신학자가 있겠지만, 그리스도 없는 제자도(Discipleship without Jesus Christ), 그리스도 없는 기독교(Christianity without Jesus Christ)에 대한 본회퍼의 경고는 큰 관심을 끄는 대목임에 틀림없다.

본회퍼에게서, 제자도는 값싼 은혜와 값비싼 은혜를 나누는 중요한 분기점이다. 값싼 은혜는 제자도가 없는 은혜이며, 값비싼 은혜는 예수의 부르심에 따르게 하는 은혜로서,[20] 제자직에의 부르심(the call to discipleship)은 예수 그리스도에 의한 것이며, 예수 이외의 다른 그 무엇도 중요하지 않다. 무엇보다도, 살아계신 그리스도 없는 기독교는 제자도 없는 기독교이며 제자도 없는 기독교에는 예수가 없다고 말했던 그의 문제의식은 우리에게 시사해주는 바 크다.[21]

이러한 본회퍼의 관점에 대한 윌라드(Dallas Willard)의 현대적 반향 또한 큰 의의가 있을 듯싶다. 윌라드는 오늘의 교회가 제자도를 잃어버렸다고 진단한다. 윌라드에 따르면, 교회가 제자도를 잃어버린 원인은 진정한 스승이신 예수 그리스도를 잃어버린 데 있다.[22]

윌라드에 따르면, 본회퍼의 『나를 따르라』가 손쉬운 기독교 혹은 값싼 은혜를 질타한 명저임에 틀림없지만, 이 책으로도 해소되지 않는 문제가 남아있다. 제자도를 값비싼 영적 잉여물, 특히 '수퍼 크리스천'의 전유물로 간주하는 그릇된 시각이 여전히 그리스도인들 사이에 팽배해 있다는 뜻이다.

이는 제자도 그 자체를 모든 그리스도인의 몫으로 인식해야 한다는 점, 그리고 영성과 성품의 관점에서 접근해야 한다는 점을 일깨워준 것이라 해석할 수 있는 대목이다.

제자도는 덕 윤리에서도 중요한 관심사이다. 여기에서 우리는 덕 윤리의 기독교적 수용의 문제를 설득력 있게 해명하고자 했던 코트바가 크라우스(Norman C. Kraus)의 기독론이 제자도의 신학적 기초를 보여주는 좋은 예로 추천했던 부분을 생각해 볼 필요가 있다.

크라우스에게서, 그리스도는 누구이시며 우리들 자신이 어떤 목적을 향하여 변화되어야 하는지를 보여주는 것은 그리스도를 따르는 제자도이다. 크라우스는 제자도를 가장 잘 이해할 수 있는 방식은 도제관계를 통해서라고 말한다.

> 제자는 기술을 전수받는 자로서, 장인(자신이 배우고자 하는 기술이나 기능을 충분히 습득한 사람)의 도제관계 속에 자신을 정위시키는 자이다. 이러한 도제관계에는 생명의 원천과 의미에 대한 의식적 추구가 포함되며 제자와 장인 사이의 관계는 독특하다. 장인(랍비)은 배우기 위해 자발적으로 찾아온 제자에게 권위를 가진다. 그 배움에는 친밀할 관계, … 관찰과 모방에 의해 장인의 영향과 스타일을 흡수해야 하는 과정에 포함된다. 이러한 관계를 통해 제자됨을 배우게 될 뿐 아니라, 장차 장인이 되기를 배우게 된다. 이러한 방식으로 예

수를 따르는 자들은 예수가 누구이신지를 배운다.[24]

　이러한 뜻에서, 크라우스는 '장인으로서의 예수께 복종함으로써' '삶의 통전성과 총체성'을 성숙시킬 수 있다고 말하기도 한다. 하지만, 유의할 것이 있다. 크라우스에게서 이는 기독론의 주제이며 윤리 혹은 성화의 문제만을 위한 것이 아니다. 관계를 통한 존재의 '변화'에서, 우리는 그리스도 안에서 우리의 목적에 대해, 세상을 향한 그리스도의 의의를 더욱 잘 이해할 수 있게 될 것이라고 보았던 셈이다. 크라우스가 바른 기독론이란, 그리스도를 스승으로 삼아 삶을 변화시켜야 함을 말해주어야 한다고 주장한 이유가 여기 있다.[25]

　이러한 주장들은 덕 윤리가 추구하는 제자도와 일맥상통하는 부분이 있다. 하우어워스의 덕 윤리에서 제자도는 예수 내러티브의 성품화를 위한 중요한 통로이다.

　하우어워스의 덕 윤리에 따르면, 그리스도인들은 예수 그리스도의 제자가 되고 예수 그리스도를 닮아감으로써 그리스도인다운 삶을 위한 성품, 습관, 그리고 행위의 방식들을 체득해야 한다. 이러한 뜻에서, 하우어워스의 제자도 인식은 복음의 성품화를 통한 교회됨의 구현을 강력하게 예증해주는 통로가 된다고 할 수 있다.

　하우어워스의 덕 윤리가 말하는 제자도의 중요성은 제자도에 관한 기존의 신학적 성찰들과 궤를 같이한다. 다른 점이 있다면, 덕 윤리가 제자도의 공동체적 맥락 혹은 교회적 맥락을 강조한다는 사실이다. 제자가 된다는 것은 그리스도의 이야기를 공유한다는 것이요, 하나님의 통치하심에 순종하여 예수의 제자가 되도록 훈련을 받은 그리스도인의 공동경험에서 나오는 것이라는 주장이 하우어워스의 덕 윤리가 말하는 제자도의 특징이다. 이제까지의 제자도에 대한 주장들을 더욱 바르게 구현하기 위해서는 제자도의 공동체적 맥락에 유의해야 한다는 제안을 덧붙여준 셈이다.

덕 윤리학자들의 관점을 응용하자면, 제자도는 그리스도인다움의 문제 혹은 그리스도인의 성품 및 덕성의 문제를 대변해주는 중요한 예가 된다. 제자도는 공동체적 혹은 관계적 맥락에서 정당화된다.[26]

마태복음에서, 제자도에는 '하인'과 '상전'의 긴밀한 관계가 포함된다(10:24-25). 이는 또한 그리스도인 공동체의 규칙과 삶, 특히 16:13-18:35의 내용들에 나타난 마태의 관심에서 확인할 수 있다. 코트바에 따르면, 마태의 제자도에는 세 요소가 결합되어 있다. 독자들을 제자들과 동일시하고자 했던 점, 베드로를 모든 제자들의 보편적 유형으로 간주했던 점, 그리고 교회 안에 예수께서 항상 함께 하심을 강조했던 점(18:18-20, 28:20) 등이 그것이다.[27]

이처럼, 제자도를 교회에서 구현해야 할 복음의 성품화를 위한 중요한 예로 설명할 수 있다면, 교회됨의 덕 윤리적 접근이 시사해주는 중요한 의의를 발견할 수 있을 듯싶다. 특히, 하우어워스가 말한 제자도에 관심을 가질 필요가 있다.[28] 하우어워스의 덕 윤리가 예수 그리스도를 그리스도인의 텔로스로 상정하고 예수 그리스도의 제자됨을 덕이라고 부르는 이유는 훈련과 습관화, 성품화의 노력이 필요함을 보여준다.

한 마디로, 교회는 본질적으로 공동체적이며 교회를 통해 산상수훈의 철저한 제자도를 구현해야 한다.[29] 제자도가 복음의 성품화를 위한 중요한 단초가 될 수 있으며, 이를 통해 교회됨의 덕 윤리적 접근 가능성을 살펴볼 수 있을 듯싶다.

하우어워스는 제자가 된다는 것은 예수가 십자가를 순종하여 이루어내신 하나의 새로운 공동체, 새로운 정치의 구성원이 되는 것이라고 말한다. 제자가 된다는 것은 그리스도의 이야기를 공유한다는 것이요, 하나님의 통치라는 실재에 참여하는 것이다.[30]

> 인간이 자유로워지는 것은 칸트처럼 정언명법에 따라 행위 하는 데서 오는 것이 아니라, 제자가 되어 주(主)를 모방하기를 배워가는 과정을 통해서이다.[31]

하우어워스에 따르면, 덕의 고전적 의미처럼 능력을 극대화하여 숙달된 기술을 통해 고객의 복지에 기여한다는 점에서, 현대사회에서 전문직의 진정한 자부심은 기술의 훈련과 연관되어 있음을 비유로 들기도 한다.

동시에, 전문직 비유로는 충분하지 못하다고도 말한다. 전문직이 지닌 특성은 점차 우리 시대의 도덕다원성으로 인해 제한되고 있으며 직업인의 한 사람으로 전문직이 되는 것과 전문직의 의미에 맞게 숙달된 기술을 구비하여 살아가는 사람을 찾아보기란 쉽지 않기 때문이다. 더구나, 인간의 삶을 한 사람의 '법률가' 혹은 '의사'로만 설명할 수는 없다. 다만, 전문직의 유비에서 볼 수 있듯 기술의 숙달을 도덕적 능력의 숙달과 연계시키는 노력은 필요해 보인다.[32]

하우어워스가 제자도를 강조하는 것은 성화를 중심으로 교회를 통한 복음의 성품화를 추구함으로써 교회됨의 가능성을 말하고 싶었던 것이라 하겠다. 제자도는 이러한 덕 윤리의 실천을 위한 성화의 한 계기로서, '교회'라는 공동체적 맥락에서 훈련되고 실천되어야 한다는 점을 보여준 셈이다.

이렇게 보면, 덕 윤리와 교회됨의 관계는 덕 윤리가 수단이고 교회됨이 목적이라고 말한다고 해서 지나친 것은 아닐 듯싶다. 완곡하게 표현하자면, 덕 윤리를 통해 교회됨을 추구한다는 뜻인 동시에, 교회됨을 위한 성찰의 근간이 덕 윤리라는 점을 보여주는 대목일 듯싶다.

이것을 덕 윤리의 용법대로 표현하자면, 텔로스의 문제와 연관 지을 수 있다. 그리스도인의 덕성은 교회를 통해 성숙되고 함양되며, 이는 개인의 경건 그 이상의 의의를 지닌다. 교회가 지닌 예수 내러티브와 공동체적 맥락을 중시하는 이유가 이것이다.

특히 예수 내러티브는 덕 윤리의 근간이자 기준으로서, 어떤 덕을 함양해야 하는가를 보여주는 틀이자 인간의 진정한 텔로스를 인식하게 해주는 근간이다. 그리스도인은 교회를 통해 진정한 의미에서 예수 내러티브에 충실한 그리스도의 제자가 되어야 한다는 뜻이 담겨있는 셈이다.

무엇보다도, 덕성의 함양은 개인의 몫이 아니라, 관계적이며 공동체적인 지평에서 가능하다는 점에서, 기독교에서 있어서는 복음의 성품화를 위한 장으로서의 교회가 필요하다. 또한 개인의 덕성함양에 관해서만 아니라, 공동체적 차원의 덕성함양을 위한 맥락에서의 교회에 대한 인식이 필요하다. 칼뱅이 교회를 일생동안 다녀야 할

학교라고 말한 것도 넓은 의미에서는 이러한 맥락을 배경으로 해석되어야 할 듯싶다.[33]

하우어워스의 경우, 교회됨을 덕 윤리의 맥락에서 강조하는 이유는 교회를 통한 기독교적 덕성의 함양, 특히 복음의 성품화를 교회됨을 인식해야 한다는 뜻으로 이해할 수 있겠다. 이러한 의미에서, 한국교회 역시 목회자와 그리스도인 모두가 교회를 통해 복음의 성품화를 위한 공동의 관심과 노력에 관심을 가져야 할 것이다.

앞서, 우리는 덕 윤리의 기독교적 수용에 수반되는 몇 가지 비판들을 살펴보는 과정에서, 덕 윤리 그 자체에 한계와 극복의 과제가 있음을 보았다. 특히, 덕 윤리가 네오-아리스토텔레스주의자들의 그것 그대로 기독교에 수용될 수 있는 것은 아니라는 사실을 암시받은 것이라는 점에 유의해야 할 듯싶다.

코트바에 따르면, 덕 윤리가 아무 변경도 필요 없는 완벽한 것은 아니다. 예를 들어, '예수 중심성'과 '은혜에 대한 강조' 등은 도덕적 성숙이 인간의 자기완성에 속하는 것이라기보다 하나님의 도우심이 반드시 필요하다는 점을 강력하게 보여준다.[34] 말하자면, 덕 윤리의 기독교적 수용을 위해 신학적 성찰을 통해 변경과 개정이 필요하다는 뜻이다.

이러한 전제에서, 덕 윤리를 통한 교회됨의 추구에도 한계와 그 극복의 과제가 있게 마련이다. 분명, 교회의 교회됨을 향한 문제의식 그 자체는 큰 의의를 지닌다. 또한 교회됨을 위한 접근으로 덕 윤리를 추구하는 것은 공동체로서의 교회와 내러티브로서의 예수 이야기를 주목하게 한다는 점에서 결정적인 의의가 있다.

교회를 통한 복음의 성품화 즉 예수 내러티브를 통한 덕성의 함양이 교회를 교회되게 하는 중요한 계기일 수 있음을 간과해서는 안 될 것이다. 성화와 제자도에 대한 성찰은 이러한 관점을 대변해 주는 중요한 예로서, 교회가 목회자와 리더의 도덕성 문제를 넘어 복음 공동체로서의 정체성을 회복하고 확립해야 한다는 점을 일깨워준다.

하지만, 이론상으로 보완되어야 하는 한계요소가 있는 것도 사실이다. 하우어워스의 경우, 덕 윤리와 성화 사이를 연계시킨 것 자체는 큰 의의가 있다. 문제는 성화에 대한 하우어워스의 관점이 신학적으로 분명하지 않거나 협소한 개념에 흐르고 있다는 점이다.[35]

하우어워스가 성화와 덕 윤리를 연계시키기 시작했다는 것은 방향을 제대로 잡은 것이라고 할 수 있지만, 칼뱅과 웨슬리의 관점에 비해 협소한 성화개념이라는 한계가 나타난다.[36] 특히, 성화를 덕목의 하나로, 혹은 덕성함양의 한 계기로 간주하는 것은 성화개념을 지나치게 제한적으로 해석한 것이라는 점에서 보완이 필요해 보인다.

한 가지 아쉬움이 남는 것은, 하우어워스의 덕 윤리를 통한 교회됨의 인식과 그 실천을 위한 노력에서 교회됨을 저해하는 악덕의 요소들에 대한 대처방안이 구체적으로 제안되지 않고 있다는 점이다.

이를테면, 한국교회를 향하여 시민사회가 그토록 요구하는 '자정능력'에 대한 언급이 부족하다는 점에 대해서는 더욱 깊은 성찰과 보완이 필요하다. 하우어워스가 한국교회의 정황 즉 '시민사회의 천덕꾸러기'가 되어버린 모습과 그 원인으로서의 교회의 윤리적 문제들에 대해 구체적으로 관심을 가진 것은 아니라는 점에서, 이 문제는 한국의 기독교윤리학자들이 풀어야 할 숙제가 아닐까 싶다.

물론, 하우어워스에게서 교회의 자정능력에 관한 단초가 없는 것은 아니다. 예를 들어, 미국교회가 자유주의와 자본주의에 물들어가는 것을 두고 하우어워스가 '콘스탄틴적 결탁'이라고 질책한 대목은 중요한 시사점이 될 수 있을 듯싶다.

특히, 기독교윤리의 방향전환을 촉구했다는 점은 많은 것을 시사해준다. 교회의 자정능력에 대한 한탄을 넘어, 교회됨 그 자체를 기독교윤리의 핵심주제로 인식해야 한다는 점을 일깨워 주었기 때문이다.

하우어워스가 보여준 덕 윤리의 기독교적 수용에 이론적이고 개념적인 한계들이 있는 것은 사실이다. 하지만, 하우어워스가 제안한 교회의 교회됨을 향한 문제의식 그 자체는 오늘의 교회를 위한 당위적 과제임에 틀림없다.

무엇보다도, 교회가 예수 내러티브에 충실하고 있는가를 성찰하게 했다는 데 큰 의의가 있다. 교회의 자정능력에 대한 논의도 중요하지만, 복음적인 교회의 모습을 지향하고 있는가를 먼저 점검해야 한다는 뜻이다. 한국교회는 복음 앞에서의 진솔한 자기성찰을 바탕으로 '교회됨을 통한 교회개혁'에 나서야 할 것이다.

교회 안팎으로 교회를 향한 쓴 소리들이 거세지고 교회의 윤리적 갱신을 요구하는 목소리가 밀려오는 한국사회에서, 교회는 과연 어떤 문제의식을 가져야 하는가?

교회가 사회적 지탄을 받고 있는 안타까움은, 일부에서 말하는 것처럼 교회의 언론정책 혹은 대응방식이 미숙하다는 식으로 모면할 수 있는 문제일 수 없다. 보다 근원적인 성찰 즉 교회답지 못함 혹은 교회되지 못함의 인식을 통해 교회다운 교회됨에 대한 성찰이 필요하다.

이러한 뜻에서, '교회의 교회됨'이라는 하우어워스의 문제의식은 아무리 강조해도 지나치지 않다. 물론, 하우어워스가 덕 윤리를 통해 교회됨을 추구한 것을 두고 이론적인 찬반의 여지가 있는 것은 사실이다.

덕 윤리 일반에 대한 비판은 물론이고 덕 윤리의 기독교적 수용을 두고 제기될 수 있는 문제들까지 고려한다면, 다양한 논제들이 다루어질 수 있다. 특히, 하우어워스를 향한 '소종파적 퇴거'의 비판 및 '자폐적 교회관'에 대한 논박 등은 덕 윤리의 기독교적 전개과정에서 충분히 성찰되어야 할 부분임에 틀림없다.

그러나 하우어워스의 덕 윤리가 그리스도인다움과 교회다운 교회됨을 지향하고 있다는 점에서, 그 의의를 가볍게 여겨서는 안 될 것이다. 특히 공동체적 맥락에서 성화와 제자도를 재조명하고 예수 내러티브의 공동체로서의 교회를 강조한다는 사실은 오늘의 교회를 위한 중요한 통찰이라 하겠다.

무엇보다도, 교회의 교회됨을 위한 진솔한 자기성찰을 통해 복음적인 교회를 구현해야 한다는 문제의식이야말로 오늘의 교회를 향

한 자기개혁과 갱신의 중요한 통찰이어야 한다는 점에 주목할 필요
가 있다.

1. 기독교적 덕 윤리를 하우어워스의 교회윤리가 지향하는 '교회됨'의 비전에 대한 인식의 지평인 동시에 교회됨의 실천방법론으로 해석하고자 한다. 특히 기독교 덕 윤리의 가능성과 특징 및 한국적 실천을 위한 과제의 모색에 초점을 맞추고자 한다.

2. Joseph J. Kotva, Jr., *The Christian Case for Virtue Ethics* (Washington, D. C.: Georgetown University Press, 1996), 5.

3. Stanley Hauerwas, 문시영 역. 『교회됨』(북코리아, 2010), 30. 'the first task of the church is to be itself'

4. Stanley Hauerwas & William H. Willimon, 김기철 역,『하나님의 나그네 된 백성』(복 있는 사람, 2008), 123.

5. Stanley Hauerwas,『교회됨』, 20.

6. 문시영, "공동체지향적 사고와 '덕스러움'의 윤리",「대학과 선교」제1집 (2000, 한국대학선교학회), 245.

7. David Fergusson, *Community, Liberalism, and Christian Ethics*

(Cambridge: Cambridge University Press, 2004), 5.

8. 필자의 기고문, '교회됨을 통한 교회개혁' 〈한국기독공보〉 2012.10.27 일자를 참고하시기 바란다.

9. 덕 윤리의 개념과 특징 및 기독교적 수용에 관한 신학적 개괄은 J. Kotva, Jr. 문시영 역,『덕 윤리의 신학적 기초』(긍휼, 2012)를 참고하기 바란다.

10. 이에 대해서는 앞의 책, 특히 제6장을 참고하기 바란다.

11. 이 부분은 코트바가 요약하여 소개한 덕 윤리에 대한 비판과 덕 윤리의 반론들을 기초로, 필자가 글의 흐름을 위하여 세 번째 비판과 네 번째 비판의 순서를 바꾸어 다루었다. 물론, 이러한 비판 외에 자유주의-공동체주의 논쟁에서 제기되는 문제를 포함하여 덕 윤리에 내재한 불확정성의 문제도 빠뜨릴 수 없지만, 이 글에서는 덕 윤리의 기독교적 수용과 관련된 신학자들의 관점에 유의하고 있음을 기억해주기 바란다.

12. Thomas W. Ogletree, *The Use of the Bible in Christian Ethics* (Philadelphia: Fortress Press, 1983), 32.

13. 소종파 비판의 대표적인 경우는 거스타프슨에게서 볼 수 있겠다. 다음의 자료를 참고하기 바란다. James Gustafson, "The Sectarian Temptation: Reflections on Theology, the Church, and the University," *Proceedings of Catholic Theological Society* 40(1985), 83-94.

14. MacIntyre, *After Virtue* (Notre Dame: University of Notre Dame Press, 1984), 156, 223, 229, 244-55.

15. Stanley M. Hauerwas, *Chritian Existence Today : Essays on Church, World and Living in Between* (Durham: The Labyrinth Press, 1988), 11, 15-16, 84, 113-22, 183-85.

16. Nancy Sherman, *Fabric of Character: Aristotle's Theory of Virtue* (Oxford: Clarendon Press, 1989), 30, 54, 133.

17. Stephen J. Duffy, *The Dynamics of Grace: Perspectives in Theological Anthropology* (Collegeville: the Liturgical Press, 1993), 281-83.

18. 이승문, "초기 기독교공동체의 동반자적 리더십과 공생", 「대학과 선교」 제21집(2011, 한국대학선교학회), 21.

19. John R. W. Stott, 김명희 역, 『제자도: 변함없는 핵심자질 8가지』 (IVP, 2010), 18.

20. Dietrich Bonhoeffer, *Nachfolge*, trans. by R. H. Fuller, *The Cost of Discipleship* (New York: SCM Press, 1995), 44.

21. 같은 책, 59.

22. Dallas Willard, 윤종석 역, 『잊혀진 제자도』 (복있는 사람, 2007), 232.

23. 같은 책, 28.

24. C. Norman Kraus, God Our Savior: *Theology in a Christological Mode* (Scottdale: Herald Press, 1991), 40.

25. 같은 책, 40.

26. J. Kotva, Jr., 문시영 역, 『덕 윤리의 신학적 기초』(긍휼, 2012), 66.

27. 코트바는 제자도에 관한 설명의 근거로 John P. Meier, *Vision of Matthew: Christ, Church, and Morality in the First Gospel,* (New York: Paulist Press, 1979), Wolfgang Schrage, *Ethics of New Testament,* trans. David E. Green (Philadelphia: Fotress Press, 1988) 등을 인용했다. 필자가 보기에, 윤리학자들이 성경윤리분야의 글을 섭렵하기란 쉽지 않지만, 성경윤리의 연구결과를 참고하는 노력이 필요하다는 점은 분명해 보인다.

28. 흥미롭게도, 하우어워스 역시 자신의 관점을 정당화하려는 관심에

서 본회퍼 읽기를 시도한다.『신앙의 실천: 본회퍼와 비폭력의 실천』(*Performing the Faith: Bonhoeffer and the Practice of Nonviolence*)에서 하우어워스는 본회퍼를 비폭력 무저항 평화주의자로 해석한다. 필자가 보기에는, 하우어워스의 해석에서 간과된 것이 있는 것 같다. 특히, 본회퍼가 히틀러 암살단에 가입했던 실천적 행동을 고려해 본다면, 과연 본회퍼를 무저항 비폭력의 실천가로 볼 수 있을까 하는 의구심이 든다. 오히려, 본회퍼는 저항의 실천가이며, 그가 말한 것은 사회윤리적 관점에서의 제자도임을 하우어워스가 간과한 것이라 생각된다. 다시 말해, 하우어워스의 본회퍼 해석은 정곡을 벗어난 것이라 하겠다.

29. 유성준, "참된 교회 모델을 통한 대학 소그룹선교 연구",「대학과 선교」제20집 (2011, 한국대학선교학회) 99.

30. Stanley Hauerwas, 문시영 역.『교회됨』(북코리아, 2010), 107.

31. 같은 책, 253.

32. 같은 책, 245.

33. John Calvin, trans. by F. L. Battles., ed. by J. T. McNeill, *Institute of Christian Religion* (Philadelphia: Westminster Press, 1968), IV.1.4.

34. J. Kotva, Jr., 문시영 역,『덕 윤리의 신학적 기초』(긍휼, 2012), 86.

35. L. Gregory Jones, *Transformed Judgment: Toward a Trinitarian Account of the Moral Life* (Notre Dame: University of Notre Dame Press, 1990), 17.

36. J. Kotva, Jr., 같은 책, 115.

6. 복음의 공동체되라

✝ 복음의 성품화를 위한 교회

하우어워스에 대한 이해에서 제기될 수 있는 질문 중 하나는 '왜, 덕 윤리인가?'일 듯싶다. 덕 윤리에 주목하는 데에는 중요한 이유가 있다. 덕 윤리는 도덕의 초점을 특정한 행위로부터 '배경'의 문제에로 전환시켰다. 성품, 인격적 헌신, 공동체전통, 인간의 탁월성 구현을 위한 조건 등의 요소가 그것이다.[1]

현대기독교윤리학은 덕 윤리가 기독교적 확신에 잘 들어맞는 (well-suited) 윤리적 틀을 제공한다. 덕 윤리는 기독교적 확신과 양립가능하며, 도덕에 관한 기독교적 확신에 유익하다는 생각이다.[2]

코트바(Joseph J. Kotva, Jr.)에 따르면, 하우어워스는 기독교와 덕의 윤리를 연관 짓는 가장 강력한 예라 할 수 있다. 성품 혹은 덕의 윤리를 칼빈, 웨슬리, 조나단 에드워즈가 말한 성화(sanctification)의 교리와 연관 지었다.

　다만, 하우어워스를 포함한 현대기독교 덕 윤리학자들이 덕의 윤리가 기독교의 신학적이고 성경적인 위탁에 적합한 것인가 하는 기초적이고 근본인 문제에 대한 논의를 소홀히 해왔다는 아쉬움이 있다고 코트바는 지적한다.[3] 하우어워스 만큼 덕의 윤리를 복음과 연관지어 설명한 경우도 없다.

　코트바가 지적했듯, 현대기독교윤리학에서 덕에 대한 관심은 증대되고 있지만 근본적인 문제 즉 덕 윤리와 기독교의 양립가능성 혹은 상호연관성에 대한 질문은 거의 제기되지 않았다.[4] 대부분의 경우, 덕 윤리와 기독교의 양립불가능을 말하는 경향이 있다. 퀸(Philip Quinn)은 기독교의 전통이 아리스토텔레스의 덕론보다 칸트의 의무론과 더 친숙하며, 무엇보다도 덕 윤리가 하나님의 은혜에 대한 강조를 수용할 수 있는 구조일지 의심스럽다고 한다.[5]

　테일러(Richard Taylor)는 기독교와 덕 윤리를 안티테제의 관계라고 말하기도 한다. 기독교는 하나님의 명령에 순종하는 윤리를 지녀야 하며, 이러한 의무론적 특성을 버리고 덕 윤리를 취하려 하는 것은 옳지 못하다는 뜻이다.[6]

　이러한 입장들과는 달리, 정작 하우어워스는 덕 윤리와 기독교의 상호연관성을 당연한 것처럼 간주하고 있으며, 양립가능성 문제에 큰 염려를 하지 않는다. 물론, 하우어워스도 덕 윤리가 기독교적 관심을 표현해주는 최선의 틀인가 여부에 의구심을 품는 자들이 많다는 것은 잘 알고 있다.

　대표적으로, 프랑케나(William Frankena)에 대한 하우어워스의 평가에서 그 단면을 엿볼 수 있다. 프랑케나는 종교가 의무론보다 덕론에 관심 가져야 할 필요는 없으며, 유대-기독교 전통에서 윤리를 하나님의 율법이라고 생각하는 관점이 덕 윤리보다 훨씬 더 보편적이라고 주장한다.[7] 하우어워스가 보기에, 이러한 경향이야말로 덕의 중요성을 제대로 인식하지 못하는 현대윤리학의 맹점이다.

이러한 '복음의 성품화'를 위한 덕성의 훈련, 신앙의 강화, 윤리적 성숙에서 하우어워스가 특히 강조하는 것이 '평화'이다. 하우어워스에 따르면, 정치적 자유주의는 기만적이다. 강제력과 폭력성을 은닉하고 기만하고 있기 때문이다. 그리고 자유주의가 은닉한 기만과 허위를 극복할 대안은 진리에 기초한 공동체 즉 교회에 있다는 것이 하우어워스가 교회와 평화를 연계시키는 맥락이다.

✝ '성화'를 다시 생각하라

하우어워스는 현대윤리를 '덕을 경시하는 윤리'라고 평가하고 극복해야 할 대상으로 생각하면서,[8] 덕 윤리를 성화(sanctification) 개념과 연계시킨다. 그는 『성품과 그리스도인의 삶』(*Character and the Christian Life*)에서 덕 윤리가 '성화'의 교리를 설명해주는 측면이 있다고 해석한다.[9]

이를 위해 칼뱅과 웨슬리, 그리고 조나단 에드워즈의 성화개념을 성찰하고 이들 신학자들이 덕 윤리와 밀접한 관계에 있거나 혹은 덕 윤리를 차용하고 있다고 주장한다.

이처럼 덕 윤리와 성화의 관계를 적극적으로 해석하는 데에는 덕 윤리가 도덕의 초점을 행위(doing)에서 존재(being)로, 의무에서 성품으로 전환시키고 있다는 점에 주목하려는 관심이 작용한다. 이러한 관심은 자유주의에 대한 비판과도 연관이 있다.

자유주의적 윤리에서는 원칙들을 제대로 적용하면 윤리적 딜레마를 해소할 수 있으리라 생각하는 경향이 있지만, 하우어워스가 보기에 도덕원칙들이라는 것 자체는 도덕적 행위자의 문제 즉 과연 어떠한 존재가 되어야 하는지를 깨닫게 하는 맥락에서만 의미를 얻을 수 있다.[10]

하우어워스가 보기에, 현대윤리학이 덕을 경시하고 행위 자체에 집중하는 것은 도덕의 필수요소를 놓친 것에 다름 아니다.[11] 현대윤리학은 덕스러운 사람의 육성 자체에 관심이 없고, 도덕적 합리성을 바탕으로 행위의 문제에만 주목하고 있다는 비판인 셈이다.

'행위'에 대한 관심 자체를 배격하라는 것이 아니라, 도덕에 대한 바른 이해가 필요하다는 뜻이다. 행위에 대한 성찰을 통해 자기기만과 '자기 의'(self-righteousness)에 기울어지지 않도록 스스로 점검해야 하며,[12] 교회는 이러한 성찰의 장이자 공동체가 되어야 한다는 것이 하우어워스의 관점인 셈이다.

따지고 보면, 현대윤리학은 합리성을 강조하면서 도덕을 역사와 무관한 것으로 설명해 왔다. 특히 18세기 이후의 윤리학은 규칙, 원칙, 선의 개념, 그리고 도덕적 난제를 해결하는 각 단계의 결단에 초점을 맞추어왔다.

그 결과, 규칙, 원칙, 그리고 특정한 행위가 도덕적으로 어떤 의의를 지닌 것인지를 정확하게 결정짓는 문제에 집중해 왔다. 이와 달리, 덕 윤리는 특정한 행위에 대한 분석보다는 행위자의 문제에 더 많은 관심을 기울인다. 윤리의 초점을 특정한 행위에서부터 '배경'으로 옮겨놓은 셈이다.

이러한 뜻에서, 덕 윤리의 핵심을 '존재'가 '행위'에 우선한다는 문장으로 정리할 수 있을 듯싶다. 덕의 관점에서 본다면, 결단은 이차적이다. 덕스러운 사람도 결단을 내리기는 하지만, 심층적인 도덕적 실재 즉 성품에 호소한다는 점에 차이가 있다. 도덕은 진퇴양난의 상황이나 결단에 관련된 것이라기보다 도덕적 자아 즉 성품의 형성과 함양을 통해 갈등을 극복하도록 이끌어주는 것이어야 한다는 뜻이다.

하우어워스가 교회를 향하여 덕의 공동체 혹은 덕의 학교(a school for virtue)가 되어야 한다고 주장한 것은 예수 내러티브에 의한 복음적 성품을 육성해야 한다는 문제의식의 표현이라 하겠다.

다만, 하우어워스가 덕 윤리와 성화를 연계시키고자 했고 당연하다고 생각했지만, 이에 대한 구체적인 설명이 부족했고 좁은 의미의 성화개념을 사용했다는 점은 보완이 필요한 대목이다.

코트바가 하우어워스의 성화 개념이 제한적일 뿐 아니라, 둘 사이의 연계 그 자체에만 초점을 맞추고 있음을 지적한 것은 의미 있는 대목이다. 하우어워스가 성품과 덕, 죄와 은혜와 제자도의 개념들을 언급하고는 있지만, 이 개념들이 서로 어떻게 연관이 있는가에 대한 구체적인 논의는 전개하지 못했다는 평가이기 때문이다.[13]

또한, 하우어워스가 자신의 신앙과 신학의 뿌리가 된 웨슬리 신학을 따라 성화의 문제를 현세에서의 완성이 가능하다고 보았던 것에 비해, 현세에서 완성되지 않는다고 보아 점진적 성화론을 주장했던 칼뱅의 관점 등을 충분히 고려하지 못했던 점에 대해서는 종합적인 재검토가 필요하다.

교회를 도덕공동체로 인식하고 성화의 연계선상에서 덕성함양의 필요성을 강조한 하우어워스의 관점에서 검토해야 할 주제를 크게 두 가지로 생각해 볼 수 있다.

하나는, '기독교는 어떤 덕목들을 훈련시켜야 하는가? 과연 그것들은 기독교적 특성을 제대로 반영하고 있는 것일까?' 하는 점이다. 다른 하나는, '교회는 어떻게 덕성을 함양시켜야 할 것인가? 교회가 실행해야 할 덕성함양의 방법론은 무엇인가?' 하는 문제이다.

먼저, 교회가 훈련시켜야 할 덕목들에 대해 살펴보자. 하우어워스가 교회를 덕의 공동체로 말할 때, 그가 염두에 둔 것은 맥킨타이어가 말하는 네오-아리스토텔레스적 덕 윤리가 아니라 예수 내러티브에 의한 성경의 덕 윤리였다. 비록 덕을 말하는 형식과 구도는 맥킨타이어의 그것과 유사하지만, 기독교적 정체성과 특성을 놓치지 않으려 했다는 점이 중요하다. 말하자면, 아리스토텔레스적 덕 윤리를 기독교적으로 재해석하고 있으며, 교회를 덕의 학교 혹은 덕의 공동체라고 말하는 데에는 일정한 재해석 혹은 전환이라는 요인들이 작용하고 있는 셈이다.

덕 윤리의 기독교적 전환은 하우어워스에게서 돌발적으로 표출된 것은 아니다. 맥킨타이어가 덕 윤리의 역사를 성찰하면서, 아리스토텔레스에서 토마스 아퀴나스에게로 나아가는 과정에, '아우구스티누스 대안'(Augustinian alternative)을 주목했던 점을 통해 엿볼 수 있는 대목이기도 하다.

맥킨타이어는 아우구스티누스의 기독교적 관점이 아리스토텔
레스의 관점과 비교하여 네 가지 결정적인 차이를 보인다고 평가
했다.[14] 도덕의 영역이 폴리스에 속한 선택적 그룹을 넘어 모든 인
간을 포함하는 데로 확장되었다는 점, 죄와 은혜에 대한 관점 및
행위의 결정적 요소로서의 '의지'에 주목하게 했다는 점, 덕의 분
류법이 변경되어 교만은 원죄의 원인으로 간주되고 겸손이 가장
중요한 덕으로 간주된다는 점, 인간의 텔로스가 폴리스 생활의 범
위를 넘어 영원한 삶을 통해서만 완성된다고 보았던 점 등이다.

덕 윤리의 차이, 변경, 전환 혹은 대안이 아우구스티누스에게 나
타났다는 뜻이다. 이처럼 덕 윤리의 내용이 변경 혹은 전환되는
것을 두고 덕 윤리가 모호성 혹은 불확정성을 지니고 있다는 비판
이 가능하겠지만,[15] 덕 윤리가 역사성에 바탕을 두고 있다는 점에
서 중요한 의의가 있다.

플라톤, 아리스토텔레스, 아우구스티누스, 토마스 아퀴나스는 물
론이고 현대의 윤리학자들의 논의에서 덕목의 목록들이 각각 다르
게 등장하는 것은 덕 윤리가 불완전하거나 모호해서라기보다 덕 이
론이 역사적 맥락에 주목하고 있다는 사실을 보여준다. 이것을 덕
윤리가 지닌 상대주의적 경향성이라고 몰아세울 수도 있겠지만, 인
간을 역사적 존재로 인식하고 그에 상응하는 성품의 중요성을 강조
하는 특징이 덕 윤리에 내재되어 있음을 알 수 있다.

하우어워스에 따르면, 덕목들의 전환 혹은 변경이 나타나는 것은
덕 윤리가 인간을 역사적 본성을 지닌 존재로 인식하고 있다는 반

증이다.[16] 본래, 덕(arete)이란 기능을 최대한 발휘하게 하는 능력을 지칭하는 것으로서 일종의 탁월함(excellence)을 뜻한다. 눈의 덕은 보는 것이요, 칼의 덕은 자르는 것이며 말의 덕은 달리는 것이다. 그리고 인간의 덕은 인간으로서의 기능을 충실하게 수행하게 하는 것이다.

덕 윤리를 역사성의 문제와 결부시켜 설명하는 것은 덕에 대한 이해를 통해 인간 본성에 대한 인식은 물론이고 각각의 시대가 처한 독특한 도덕적 정황을 파악할 수 있게 해준다는 데 큰 의의가 있다.

다만, 덕목들에 관한 신학적 설명 혹은 전환에서 아쉬운 것은 아리스토텔레스의 노력에 비해 조직적인 구성 혹은 설명의 노력이 부족했다는 점이다. 예를 들어, 성령의 열매로 사랑과 희락과 화평, 인내와 자비와 양선, 충성과 온유와 절제를 제시한 바울의 경우(갈 5:22~23)가 있기는 하지만, 이를 두고 초대교회는 굳이 일목요연한 덕목의 목록을 만들려 하지 않았고 그중 어느 특정 덕목이 인간의 본성에 더 근본적인 것이 되리라는 생각 자체도 하지 않았다.[17] 아마도, 덕에 대한 교회의 인식이 체계적인 수준으로 요청되지 않았거나 심화되지 않았던 탓일 듯싶다.

심지어 덕의 기독교적 적합성을 말하는 과정에도 어려움이 있었다. 예를 들어, 아우구스티누스는 덕이 함양되기 위해서는 하나님을 인간의 텔로스로 삼고 하나님의 은혜의 주입이 필요하다고 보았다. 그렇지 않은 모든 덕은 본질적으로 자기애의 표현이요 화려한 악덕에 지나지 않으며, 덕이란 하나님을 향한 사랑의 네 가지 형식이라

해야 한다는 주장을 내놓았다. 예를 들어,

절제는 사랑의 대상이 되는 것에 자신을 완전히 내어맡기는 것이다. 용기는 사랑의 대상을 위하여 모든 것을 기꺼이 감당하는 것이다. 정의는 사랑의 대상만을 섬기는 것이요 그 결과로 바르게 다스리는 것이다. 신중은 저해가 되는 것과 도움이 되는 것 사이에서 현명하게 구분 짓는 것이다. 이러한 사랑의 대상은 선 중의 선, 최고선, 완벽한 조화이신 하나님 이외의 다른 것일 수 없다.[18]

그런가 하면, 토마스 아퀴나스의 경우에도 덕목의 목록이 다르다. 토마스 아퀴나스는 플라톤과 아리스토텔레스, 그리고 스토아사상 및 아우구스티누스의 영향을 종합했다. 자연적 덕목들은 인간의 노력에 의해 함양되는 것이지만, 믿음, 소망, 사랑이라는 신학적 덕목들은 우리 안에 주입되어야만 하는 것들이라고 생각했다.

하우어워스의 경우에도 덕목의 변경은 예외가 아니다. 하우어워스는 '평화'에 각별한 관심을 기울인다. 평화에 대한 하우어워스의 관심은 여러 책들의 서문마다 자신의 이름 앞에 항상 표기하는 '평화'(peace)의 상징성에서 잘 드러난다. 하우어워스가 자신의 신학적 요점을 말한 부분에서 평화에 대한 강조를 빼놓지 않은 것 역시 마찬가지이다.[19]

이처럼 하우어워스가 평화를 강조하는 것은 자유주의 정치에 대한 비판과 맞물려 있으며 요더의 영향 역시 크다고 할 수 있지만, 근본적으로는 예수 내러티브에 대한 하우어워스 자신의 해석과 인식

에 기초한 것이라 할 수 있다. 하우어워스에 따르면,

> 평화는 무질서가 제거된 상태도 아니고 불의를 기초로 삼을 수도
> 없다. 평화는 진리 위에 세워진다. 거짓에 기초한 질서는 결국 강제
> 력에 의존하게 마련이다.[20]

이러한 인식은 자유주의가 개인의 욕구갈등을 해소한다는 명분
으로 결과적으로는 폭력과 전쟁을 통해 평화를 추구하고 있다는 문
제의식에서 비롯된다. 하우어워스는 현대사회의 전쟁과 폭력에 대
한 관점들을 참고하되, 평화에 대한 결정적인 단초와 방향을 기독
교의 내러티브에서 찾는다.

> 그리스도인에게서, 평화란 인간의 합리적 능력에 관한 거짓 설명 위
> 에 세워질 수 있는 것이 아니라, 모든 삶의 영역에서 하나님의 주되
> 심을 인정할 때 비로소 구현될 수 있다. 평화에 관한 그리스도인의
> 헌신은 삶의 본래적 가치를 근거로 삼는 것이 아니라, 교회 안에 나
> 타난 그리스도의 사역과 그의 지속적 능력을 통해서 이제 막 체험
> 하기 시작한 하나님 나라와 전쟁이라는 것은 도무지 양립할 수 없
> 다는 확신을 기초로 한다.[21]

이러한 맥락에서, 하우어워스는 교회가 함양해야 할 기독교적 덕
목에 평화를 정점으로 하여 소망, 사랑, 인내 등 성경의 전형적인 덕
목들을 포함시킨다. 평화가 중요하기는 해도, 그것만이 기독교적 덕

의 전부일 수는 없으며 평화를 위한 소망과 인내를 비롯한 여러 덕목들이 강조되어야 한다는 취지일 듯싶다. 하우어워스에 따르면,

> 소망과 인내의 덕목들은 교회 이야기에서 중요한 의의를 지닌다. 교회가 수행해야 할 모험은 소망을 통해서만 지지될 수 있으며, 소망은 인내에 의해 훈련된다. 그리스도인의 소망은 종말론적인 것이기 때문이다. 우리는 소망하는 것들이 즉각적으로 완전히 실현되지 않는 때를 살고 있다. 교회란 하나님 이야기에 충실한 존재가 되는 데 필요한 시간과 공간이다.[22]

덕의 기독교적 해석 혹은 전환과 관련하여 주목할 것은, 덕목들에 대한 관심이 덕 윤리의 역사성에 대한 인식이 윤리에 대한 근본적인 이해의 문제와 연관된다는 점이다.

하우어워스의 설명법대로 하자면, 덕과 덕목들은 다르다. 덕은 개별 덕목들이 지닌 규범적 구체성에 대한 것이라기보다 자아에 대한 일반적 관점에 해당한다. 겸손, 정직, 친절, 그리고 용기 등의 덕목들은 당장에 칭송을 받을 수 있는 것들이지만, 이러한 덕목들을 구현한다고 해서 덕스러운 사람이 되는 것은 아니다. '덕스러운 사람 됨'(being a person of virtue)이란 개별 덕목들과는 다른 차원 즉 인간의 자아 혹은 성품 및 인격의 문제와 관련된다고 볼 수 있다.

특히, 하우어워스의 교회윤리가 제안하는 덕목들은 그의 교회에 대한 인식과 연계된 것들로 구성된다. 하우어워스는 루터적 교회관보다 '여행의 메타포'(metaphor of the journey)에 관심을 가지고 있었

다.[23] 루터가 말하는 의인인 동시에 죄인인 자들의 공동체의 그것이
아니라 성례라는 표식으로 하나님께서 세상 앞에서 성별하신 순례
자들의 공동체로서의 이미지이어야 한다는 뜻이다. 하우어워스에
따르면,

> 덕스러운 삶은 모험에 비유할 수 있다.[24] ⋯ 우리에게 필요한 신실한
> 이야기란 순례자들에게 합당한 실천과 자기반성을 훈련시키는 것
> 이어야 한다. ⋯ 그리스도인은 성경이 바로 그 이야기를 제공해주리
> 라 믿고 있다.[25]

말하자면, 하우어워스가 생각하는 덕의 공동체 혹은 덕의 학교로
서의 교회가 관심을 가져야 할 것은 기독교의 내러티브에 의한 자
아의 변화라고 할 수 있겠다. 하우어워스에 따르면, 우리가 질문해
야 할 것은 이것이다. '과연 교회는 성경의 내러티브를 삶의 중심으
로 삼는 공동체가 되고 있는가?'

여기에는 교회가 성경을 예배와 삶에 적용함으로써 성경의 권위
를 세우는 공동체이어야 한다는 문제의식이 자리한다. 특히, 교회에
서는 인내, 용기, 소망, 그리고 사랑의 덕이 지배해야 한다는 것이다.

그에 따르면, 인내가 없다면 교회는 계시적 환상에 빠지고 말 것
이며, 용기가 없다면 교회는 전통을 이어갈 수 없을 것이고, 소망이
없다면 교회는 책무를 상실할 수 있으며, 사랑 없는 교회는 하나님
께서 만들어내실 삶의 모습을 구현하지 못할 것이다. 이외에도 다
른 덕목들이 추가될 수 있는 여지는 충분하다.

중요한 것은 이 모든 덕목들은 성경의 내러티브에서 의미와 형식을 도출한 것들이며, 성경의 내러티브를 기억하며 신실하게 살고자 한다면 이 모든 덕목들을 지녀야 한다는 점이다.[26]

하우어워스의 이러한 관점은 덕에 대한 성찰이 그 시대의 윤리적 맥락에 대한 인식과 과제를 담아내는 것이라는 점에서 중요한 의의가 있다. 특히 하우어워스가 깊이 교감하고 있던 맥킨타이어의 네오-아리스토텔레스주의와 기독교를 어설프게 혼합하려 하지 않았다는 것은 중요한 의의가 있다. 현대기독교 덕 윤리의 방향성을 예수 내러티브에서 찾아야 함을 보여준 것이기 때문이다.

덕성함양의 방식에 대해 생각해 보자. 습관을 통해 '제2의 천성'을 얻는다고 보았던 아리스토텔레스와 토마스 아퀴나스의 관점에는 충분한 타당성과 함께 치명적인 결함이 있다. 도덕성숙을 위해 어려서부터 일정한 습관을 가져야 한다는 아리스토텔레스의 주장은 습관의 중요성을 강조한다는 점에서는 의미가 있지만 과연 어떤 종류의 습관이 신실한 성품계발을 독려하는 것인가 하는 점을 놓치고 있다.[27]

게다가, 아리스토텔레스가 생각하는 것처럼 습관을 긍정적으로만 볼 수는 없다. 습관의 소극적 측면에 주목했던 아우구스티누스의 경우를 생각하면 쉽게 이해될 수 있는 부분이다.[28] 죄가 습관화되면 결국 노예의지에 이르게 된다는 점에서, 습관을 항상 긍정적으로만 볼 수는 없는 노릇이다.

우리의 관심사와 연관 지어 생각해 보면, 덕 윤리의 기독교적 이해와 관련된 매우 심각한 문제가 아리스토텔레스에게 드러난다. 아리스토텔레스가 우리의 성품에 대해 우리 자신이 책임을 져야 한다고 보았던 것은 기독교와 어울리지 못하는 것일 수 있다.

습관을 통해 덕을 함양할 수 있다는 생각은 인간 스스로의 노력에 의해 덕스러운 존재가 될 수 있음을 뜻하는 것으로서, 덕이란 획득되는 것이며, 인간이란 자신 안에 있는 주도성을 따라 행위 할 수 있는 존재라는 인식을 전제하고 있다.[29]

기독교의 관점에서, 성품과 덕이 스스로의 노력과 습관을 통해 함양될 수 있는 것이라는 생각은 자칫 교만에 빠지게 하는 것이기 쉽다. 기독교는 하나님의 은혜에 대한 겸손 혹은 복종을 진정한 덕으로 간주하고 있으며, 심지어 겸손의 덕 마저도 인간이 성취하는 것이 아니라 선물로 주어지는 것으로 인식하고 있다. 우리의 성품이 우리의 몫이기는 하지만, 인간의 노력에 우선하여 은혜의 중요성을 강조하고 있는 셈이다.[30]

✝ '제자도'를 구현하라

하우어워스를 비롯한 덕 윤리학자들이 관심을 갖는 '제자도'의 문제에서, 그 중요성에 비해 크게 어긋나고 있는 흔적들에 대해 깊은 자성과 갱신이 필요하다. 심지어, 제자훈련이 율법적이며 권위주의적인 것으로 변질될 위험성, 새로운 제사장 제도로 변질될 위험성, 지배적인 양육으로 인한 분열의 위험성이 있다는 지적도 볼 수 있다.[31]

그런가 하면, 제자훈련이라는 이름으로 평신도 리더를 양성하는 목회프로그램 정도로 간주하는 태도 역시 문제가 있어 보인다. 과연 누구의 제자를 만들려는 것인지 심각한 의구심이 드는 경우도 없지 않다. 특정 목회자의 추종자를 육성하는 프로그램이 아니라, 그리스도의 제자가 되게 하는 노력이 필요하다는 준엄한 당위를 간과해서는 안 될 것이다. 하우어워스는 교회를 통해 예수 내러티브에 의해 제자도의 훈련을 받아야 한다고 주장한다.

> 도덕성숙을 이루고자 한다면 그에 합당한 훈육을 받아야 한다. 그리스도인이 다양한 훈육을 통해 하나님께서 이스라엘과 예수 안에서 그리스도인을 다루시는 이야기를 깨닫고 그 이야기에 합당하게 살기를 배우게 되는 훈육을 가리켜 전통이라고 할 수 있겠다. 우리는 그리스도인다운 습관을 계발시켜야 한다.[32]

이러한 뜻에서, 하우어워스가 제안하는 덕의 훈련방식은 특히 '제자도' 혹은 '도제관계'에 비유되는 성품의 훈련, 특히 예수 내러티브의 성품화에 집중된다.

특히, 순종을 비롯한 제자도 혹은 도제관계가 형성되어야 한다. 제자가 된다는 것은 예수께서 십자가를 순종하여 이루어내신 새로운 공동체의 구성원이 되는 것을 말하며, 그리스도의 이야기를 공유함으로써 하나님의 통치에 속하는 것을 뜻한다. 하우어워스에 따르면,

> 칸트처럼 정언명법에 따라 행위하는 것이 아니라, 제자가 되어 주

(主)를 닮아가기를 배워가는 과정을 통해서이다. 도덕철학에서는 제자도를 타율로 간주하겠지만, 제자도가 말하는 닮아감 즉 모방보다 중요한 것은 없다. 제자도는 선험적 원칙들로 환원될 수 없고 혹은 원칙들에 의해 결정되지 않는다. 그리스도인에게서 도덕이란 선택에 의한 보편적 행위에 관한 것이 아니다. 그리스도인의 도덕은 그분을 본받는 것이다. 이는 기독교적 확신의 본래적 가치에 속한다.[33]

같은 맥락에서, 하우어워스가 성만찬을 비롯한 예배와 예전에 주목하는 이유 또한 이와 무관하지 않다. 성만찬은 십자가에 못 박히시고 부활하신 그리스도에 대한 교회의 의존 및 그리스도의 주되심을 통한 교회의 연합, 그리고 세상 앞에서 그리스도의 동일한 몸이 되라는 근본적 부르심의 표식이다.[34]

또한 우리의 주일예배는 가장 명백하고도 교회적인 방식으로 우리들 능력의 원천을 기억하게 하며 세상을 고통스럽게 하는 것들에 대한 우리들의 해법이 지닌 독창적인 본성을 기억하게 하는 통로이다.[35] 이러한 공동체적 예전과 예식에 참여함을 통해 예수 내러티브를 실천할 능력을 얻게 된다는 점에서, 교회는 덕성함양의 시간과 공간이라 할 수 있다.

사실, 최근의 공동체주의적 접근은 신약 및 초대교회의 공동체성에 대한 연구들과도 연관될 수 있을 듯싶다. 예를 들어, 신약은 분석윤리의 표현들을 사용하지 않으며, 영광송, 찬양, 증인됨과 같은 용어들을 사용할 뿐이다.

초대교회의 윤리적 정황은 분석윤리의 용어로 표현되는 것이 아니라, 구원받은 자들의 새로운 공동체에 부르심을 받은 자로서 다양한 실천적 문제들을 해결하는 과정에서 어떤 종류의 사람이 되어야 하는가의 문제에 관심을 가졌다는 뜻이 되는 셈이다.

더구나 초대교회에서는 그리스도인이란 부르심을 받아 특별한 방식으로 행동하는 사람들로 인식되었으며, 교회의 공동체적 정체성에 주목했다. 그들의 도덕적 위탁과 동기는 '교회적 소속감'(ecclesial belonging)에 의해 규정되었으며, 국가에 대해 비판적 관점을 견지했다. 세속권력이란 임시적일 뿐이며 심지어 타락할 것이라는 점을 알고 있었다는 뜻이다.[36] 이는 바울서신에서 발견되는 종말론적 윤리관을 비롯한 기독교적 긴장감을 대변해주는 것이라 할 수 있겠다.

하우어워스의 기독교공동체주의는 이러한 흐름과 잘 들어맞는다. 하우어워스가 생각하는 교회는 성경의 내러티브라는 특수한 내용에 의해 삶을 형성하는 공동체이다.

이처럼 교회를 강조하는 것은 예수께서 기독교 공동체를 위해 보여주신 모범들에 대한 내러티브를 지니고 있는 덕의 훈련장이라고 생각하기 때문이다. 이것을 하우어워스는 자아, 정체성, 그리고 내러티브와 공동체라는 개념들과 아울러 다음과 같이 요약한다.

자아란 우리가 만들어낸 그 무엇이 아니라 선물로 주어진 것이라는 점을 일깨워준다. 우리는 공동체 안에서 이야기의 구현자가 됨으로써 정체성을 얻는다. 이야기와 공동체에서의 해방을 추구할 것이

아니라 공동체가 지닌 이야기가 과연 신실한 것인가를 검증해야 할
것이다.[37]

더 중요한 것은, 이야기가 있다는 것만으로 대안사회의 조건이 충
족되는 것은 아니라는 사실이다. 하우어워스에 따르면, 이야기는 기
꺼이 그 이야기를 따르려 하는 자에게만 의미가 있다.[38]

이러한 뜻에서, 하우어워스는 '나처럼 살고 내 모습을 본 받으라'
고 할 수 있을 만큼 그리스도인다운 삶을 살고 있는지 성찰할 것을
요구한다. 하우어워스의 교회윤리에 대한 균형 있는 이해가 필요한
이유가 바로 여기에 있다.

요컨대, 덕의 학교 혹은 성품의 공동체로서의 교회에 대한 하우어
워스의 관심을 주목하려는 우리의 시도를 그의 윤리적 제안에 대한
일방적 찬사 혹은 무비판적 수용이라고 몰아세우지 말아야 한다.

특히 이러한 해석과 관심들은 하우어워스의 윤리가 기독교의 '펀
더멘털'에 해당하는 사항들을 기독교윤리의 본격적인 주제로 삼았
다는 점에서 그 의의를 평가해야 한다는 관심의 표현임을 유의할
필요가 있다.

1. *Joseph J. Kotva, Jr., The Christian Case for Virtue Ethics* (Washington, D. C.: Georgetown University Press, 1996), 123.

2. 같은 책, 2.

3. 같은 책, 51.

4. 같은 책, 2.

5. Philip L. Quinn, "Is Athens Revived Jerusalem Denied?" *Asbury Theological Journal* 45(1), 49-57.

6. Richard Taylor, *Ethics, Faith, and Reason* (Englewood Cliffs: Prentice-Hall, 1985), 22-25, 77-87.

7. William Frankena, *Ethics* (Englewood Cliffs, N. J.: Prentice-Hall, 1973), 66.

8. Stanley Hauerwas, 『교회됨』, 227.

9. Joseph J. Kotva, Jr., *The Christian Case for Virtue Ethics*, 71.

10. David Fergusson, *Community. Liberalism, and Christian Ethics,*

49.

11. Stanley Hauerwas, 『교회됨』, 232.

12. 같은 책, 232.

13. L. Gregory Jones, *Transformed Judgment: Toward a Trinitarian Account of the Moral Life* (Notre Dame: University of Notre Dame Press, 1990), 17.

14. David Fergusson, *Community. Liberalism, and Christian Ethics*, 115.

15. 덕 윤리에 대한 이해와 비판의 문제는 다음 책을 참고할 수 있겠다. 홍성우, 『자유주의와 공동체주의 윤리학』 (선학사, 2005)

16. Stanley Hauerwas, 『교회됨』, 202.

17. 같은 책, 237.

18. Augustinus, *De mor. eccl.* 15. 23. 15. 25. ut temperantia sit amor integrum se praebens ei quod amatur, fortitudo amor facile tolerans omnia propter quod amatur, iustitia amor soli amato serviens et propterea recte dominans, prudentia amor ea quibus adiuvatur ab eis quibus impeditur sagaciter seligens. Sed hunc amorem non cuiuslibet sed Dei esse diximus, id est summi boni, summae sapientiae summaeque concordiae.

19. Stanley Hauerwas, *A Cross Shattered Church: Reclaiming the Theological Heart of Preaching* (Grand Rapids; Brazos Press, 2009), 145.

20. Stanley Hauerwas, 『교회됨』, 76.

21. 같은 책, 198.

22. 같은 책, 21.

23. 같은 책, 194.

24. 같은 책, 247.

25. 같은 책, 288.

26. 같은 책, 247.

27. 같은 책, 271.

28. John F. Harvey, *Moral Theology of the Confessions of St. Augustine*, 문시영 역, 『고백록, 윤리를 말하다』(북코리아, 2011), 185-194.

29. Aristoteles, 최명관 譯, 『니코마코스 윤리학』(서광사, 1989), 92-93(1113b20)

30. Jennifer A. Herdt, *Putting on Virtue: The Legacy of the Splendid Vices*, 346.

31. David Watson, 문동학 역, 『제자도』(두란노, 1987), 86-92.

32. Stanley Hauerwas, 『교회됨』, 289.

33. 같은 책, 253.

34. 이에 관해서는 문시영, "하우어워스의 윤리에 비추어 본 예배공동체로서의 교회" 「한국기독교신학논총」(한국기독교학회, 2012) 79집을 참고할 것.

35. Stanley Hauerwas & William W. Willimon, *Residnet Aliens: A provocative Christian assessment of culture and ministry for people who know that something is wrong* (Nashville, TN; Abingdon Press, 1989), 171.

36. David Fergusson, *Community. Liberalism, and Christian Ethics*, 10-17.

37. Stanley Hauerwas, 『교회됨』, 287.

38. 같은 책, 290.

7. 펀더멘탈에 힘써라

✝ '예배를 통한 윤리'의 성찰

'기독교윤리'와 '교회'는 어떤 관계로 설명되어야 하는가? 이 글의 단초가 되는 하우어워스를 포함하여, 특정한 신학자들의 관점과 그들 사이의 학술적 논쟁에 관심을 기울이는 것 자체는 기독교윤리의 독자성을 확보하고 학문적 발전을 추구하는 과정에서 결코 소홀히 할 수 없는 일이다.

동시에, 교회의 실천적 맥락으로부터 기독교윤리를 분리시키는 결과를 낳는다면, 기독교윤리의 정체성 자체를 상실할 수 있다는 점 또한 간과해서는 안 될 것이다. 한마디로, 기독교윤리의 배경이자 존립근거라 할 수 있는 교회에 대한 관심은 아무리 강조해도 지나치지 않다.

이러한 뜻에서, 이 글은 교회와 윤리의 관계설정을 위한 접촉점을 교회의 실천들 중에서 가장 기본이 되는 '예배' 혹은 세례와 성만찬을 포함하는 예전(liturgy) 일반에서 찾아 그 윤리적 의의를 성찰하고자 한다. 특히 '교회윤리'라는 별칭을 얻은 하우어워스가 이들 주제에 관해 던져준 통찰들은 이 글의 문제의식을 해소할 중요한 동력이 되리라 기대된다.

그렇다고 해서, 하우어워스를 답습하거나 무비판적으로 수용한다는 뜻은 아니다. 이글은 최소한의 비판적 입장을 견지하면서 교회적(ecclesial)이고 공동체적인 맥락에 주목하게 될 것이다.

기독교윤리와 교회와의 연관성을 다룰 때, 그 단초는 어디에서 찾아야 하는가? '교회를 위한 신학', '신학의 존립근거로서의 교회'와 같은 귀에 익은 표현들을 구체화하기 위한 접점을 찾을 수 있다면 이 주제에 관한 기존의 관점들로부터 진일보할 수 있을 듯싶다. 이러한 뜻에서 하우어워스가 제안한 예배에 대한 윤리적 관점에 주목하고자 한다. 이는 교회의 교회됨을 강조하면서 교회 안으로 향하는 하우어워스의 성향과 맞아떨어지는 측면이 있어 보인다.

예배에 대한 관심은 실천신학, 특히 예배학의 주제임에 틀림없다. 물론, 현대신학에서 각각의 분과학문들이 세분화된 학문적 관심들을 바탕으로 학제간 대화와 통합적 연구를 이루어가고 있다는 점은 의미가 있는 부분이기는 하다.

그럼에도 불구하고, 윤리학에서 '예배'에 관심을 갖는 것은 익숙하지 않거나 의아한 일로 보일 수 있다. 하우어워스가 웰스(Samuel Wells)와 공동편찬한 『기독교윤리 길잡이』(The Blackwell Companion to Christian Ethics)에서, 예배에 대한 연구가 기독교윤리의 영역이 아

니라는 반론에 직면할 수 있음을 예견했던 것도 이러한 맥락에서 이해할 수 있겠다.[1]

일반적으로 예배와 윤리는 다른 영역에 속하는 별개의 주제들이 라는 생각이 많고, 윤리는 예배 그 이상의 무엇이라는 생각이 많다. 그런 탓에, 두 분야를 연계 짓는 것은 잘 어울리지 않는(incongruous) 일처럼 생각되고, 어리석은 시도처럼 보일 수 있다.[2] 그럼에도 불구 하고, 기독교적 덕의 윤리 혹은 공동체윤리를 강조하는 하우어워스 가 '예배'에 관심을 갖는 이유는 과연 무엇일까?

물론, 예배와 윤리의 문제를 연관지은 경우는 하우어워스가 처음 은 아니다. 예를 들어, 성공회신학자 시즈윅(Timothy Sidgwick)의 경 우가 그렇다.

다른 점이 있다면, 시즈윅이 '예전'의 관점에서 윤리와의 연관성 에 주목했다면, 하우어워스의 경우는 윤리의 관점에서 예전의 의의 를 성찰한다는 점이다. 혹은 지향점과 문제의식은 유사할 수 있으 나 접근방법이 다르다고 말하는 것이 타당할 듯싶다.

하우어워스는 웰스와 공동편찬한 책에서, '예배를 통한 윤리의 연 구'를 시도한다. 그는 예배와 윤리를 연계시키려 하는 데에는 기독 교윤리의 형식과 내용에 도전장을 내밀고 그 내용들을 변경시키려 는 목적이 있다고 말한다.[3] 교회가 예배를 통해 하나님의 뜻을 알기 원하는 것과 마찬가지로 윤리를 통해 하나님의 뜻을 알기 원하는 것 자체가 일종의 공통분모에 해당한다고 보았던 셈이다.

이러한 뜻에서, 우리는 예배와 윤리 사이의 구획 짓기 혹은 구분 법 자체에 문제를 제기하지 않을 수 없다. 그것은 일종의 고정관념일 수 있다. 하우어워스의 생각으로는 예배와 윤리를 분리시켜온 가장 큰 이유는 잘못된 구분법 혹은 고정관념이 작용하고 있기 때문이다.[4] 이와 관련하여 적어도 네 가지 고정관념 혹은 잘못된 구분법을 생각할 수 있겠다.

① 윤리는 현실에 관한 것이요, 예배는 현실의 문제가 아니라고 생각하기 쉽지만, 이는 고정관념일 뿐이다. 일반적으로 윤리가 다루는 주제들은 현실적이고(real), 공적이며(public), 실재하는(tangible) 것을 다루고, 예배는 이상적이고(ideal), 사적이며(private), 영적인(spiritual) 것을 다룬다고들 생각한다.

하지만, 이는 칸트(I. Kant)의 관점에서 비롯된 고정관념이다. 내재적인 세계와 초월적인 세계를 구분하는 관점이 예배와 윤리를 분리시키는 데에도 적용되고 있는 셈이다. 하우어워스는 이러한 칸트적 사고방식에 도전장을 던진다. 종말론적 관점으로 본다면 인생이라는 것 자체가 예배의 리허설이며, 예배와 윤리의 구현을 위해서는 칸트적 구분법을 넘어서야 한다는 것이다.

② 예배는 미(美)를, 윤리는 선(善)을 다루는 것으로서, 각각 주제가 다르다고들 생각하는 것도 문제가 있다. 보통의 경우, 예배는 주관적이며(subjective), 감각과 정서에 호소하는 것(aesthetic)이요, 윤리는 객관적이며(objective), 지성과 결단의 문제를 다룬다는 점에서 구분된다고들 생각한다.

그 배경에는 윤리를 기능적이고 수단적인 특성을 가진 것으로 간주하는 동시에 예배라는 것 자체는 진, 선, 미가 구분되지 못한 채 뒤섞여 있는 것이라는 편견이 작용하고 있다. 우리는 예배를 통해

진선미 모두를 통합하시는 하나님을 추구하는 자들이라는 점을 망각해서는 안 되며, 예배가 복음의 빛을 통해 진선미를 성찰하도록 이끌어준다는 것 또한 기억해야 할 것이다.

③ 예배는 내적인 혹은 사적인 것에, 윤리는 외적인 것 혹은 공적인 것이라는 생각 또한 문제가 있다. 일반적으로, 예배는 내적인 것(internal)에 관여하며 사적이고 정치와 무관한(apolitical) 것으로서 사회문제들에 답을 주기보다는 하나님께 집중하고 하나님과의 화해를 추구하게 하는 것인 반면에, 윤리는 외적인 것(external)에 관여하는 영역으로서 공적이며 정치적인 주제들 즉 분배정의를 비롯한 사회문제들에 직접 연관된 영역이라는 이분법을 적용하기 쉽다.

이 역시 칸트적 이분법의 영향을 받은 것으로서 공과 사를 구분하려는 지극히 제한된 의미의 정치 개념을 근거로 삼고 있다. 예배는 그리스도의 몸된 교회를 위한 최선의 질서를 보여주며, 그리스도인이 수행해야 할 가장 중요한 정치이자 윤리에 해당한다.

④ 예배는 말씀에 관한 것이요, 윤리는 행위에 관한 것이라고들 생각하는 것 또한 문제가 있다. 보통의 경우, 예배는 말씀(words)을 다루는 것으로서, 지나간 과거에 대한 말씀들을 회상하게 해주지만, 윤리는 행위(action)에 관한 것으로서, 현재의 행위를 통해 미래를 준비시키는 것이라는 점에서 차이가 난다는 이분법을 적용하기 쉽다.

그러나 본질적으로, 예배는 덕스러운 습관의 형성, 진리식별을 통해 우리에게 말씀과 윤리 두 가지 모두를 제시해준다. 예배는 그리스도인들이 그리스도를 닮아가고 하나님의 증인이 되기 위한 방법이라 할 예수의 명령 앞에 정기적으로 함께 복종하는 절차들을 질서 있게 제정해 둔 일련의 실천관행이라 할 수 있기 때문이다. 성만찬의 경우, 예수를 기념하는 것으로서의 과거에 대한 회상인 동시에 예수께서 하늘의 만찬을 내다보시면서 제정하신 성만찬의 행위를 통해 미래를 바라보게 하는 것이기도 하다.

물론, 네 가지로 요약된 하우어워스의 진단이 적절한 것인지 여부는 논란의 여지가 있다. 굳이 예배의 문제를 윤리의 관점에서 성찰하는 것이 과연 타당한가에 대한 찬반논변이 필요한 것도 사실이다. 다만, 우리가 간과해서는 안 될 것이 있다면 하우어워스가 예배의 개선을 위한 예배학적 지침을 제공하려는 것이 아니라는 점이다.

핵심은 예배와 윤리가 구분되는 것이거나 혹은 구분되어야 한다는 고정관념에 문제를 제기했다는 데 있다. 혹은 예배와 윤리의 관계를 칸트적 잔재를 따라 구분하기보다 그 본래적 맥락에서 다시 읽어야 한다는 점을 제안해 준 셈이다.

이것은 근대적 의미의 윤리학이 독자적인 분과학문으로 자리매김하기 이전의 맥락에 대한 반추에서 더욱 분명해진다. 칸트적 영향으로 구분되기 시작한 '윤리'라는 분과구분이 없었던 때, 그리스도인들은 과연 어떤 방식으로 자신들의 삶과 행위의 문제를 규정했을까?

좀 더 좁혀서 말한다면, '기독교윤리'라는 이름의 근대적 학문이 생겨나기 전에는 그리스도인의 정체성과 그에 합당한 삶과 행위의 문제를 어떻게 설명했을까?

우리는 이 질문을 통해 하우어워스 나름의 기독교윤리 역사에 대한 회고를 엿보게 된다. 윤리라는 분과구분이 없었던 초대교회에서는 무엇보다도 '예수는 누구이신가?'에 주목했고 예배의 성경읽기에서도 이러한 관점에서 '제자도'에 주목했을 것이다.

이 시기에는 예수의 증인됨이 중요했고, 박해가 다가왔을 때 '순교'는 증인됨을 표현하는 수단의 하나였다.[5] 초대교회에서는 신학과 윤리가 분리되지 않았던 셈이다. 교회는 예수의 증인됨을 위한 방편들을 제공했다. 성만찬은 그 대표적인 예가 된다. 그들은 함께 먹음으로써 종말론적 소망을 공유할 수 있었던 것이다.

이후, 교부시대를 통해 그리스도인들은 아우구스티누스를 통해 그리스도인이란 어떻게 살아야 하는지를 생각하게 되었다. 아우구스티누스에게서 예배는 여전히 중요했다. 크게 두 가지에 주목할 필요가 있다.[6] 하나는 예배가 그리스도인됨을 보여주는 정체성의 근간이라는 점, 다른 하나는 참된 예배의 공동체만이 진정한 공동체라고 할 수 있다는 점이다.

하나님의 도성(civitas Dei)을 참된 예배의 공동체로 보았던 『신국론』에서, 아우구스티누스는 행복(beatitudo)에 이르는 진정한 덕으로 하나님을 향한 예배를 강조한다.

하나님께 대한 참된 예배가 없다면 참된 덕성을 갖출 수 없다.[7] …
우리들을 진정으로 행복하게 하는 선과 관련된 모든 일이 참된 예배에 속한다.[8]

이러한 참된 예배의 공동체는 하나님의 도성을 향한 순례자 공동체인 교회에서만 찾을 수 있다는 것이 아우구스티누스의 관점이다. 그는 인간의 진정한 행복, 진정한 덕성이 모두 진정한 종교의 문제로 귀결되며 그 핵심에 진정한 예배가 담겨 있다고 생각했다. 아우구스티누스는 교회에 대해 말하기를,

> 우리는 하나님 나라와 참된 종교심과 하나님께 대한 예배를 주장한다. 하나님 한 분에게서만 영원한 행복이 약속되어 있기 때문이다.[9] … 구원받은 도성 전체 즉 성도들의 모임과 사회자체가 보편적인 제사처럼 하나님께 바쳐지기에 이른다.[10]

이러한 뜻에서, 아우구스티누스에게서 교회는 하나님의 도성(civitas Dei)을 향한 순례의 공동체이며 예배와 덕성함양의 공동체인 셈이다. 이러한 맥락에서, 하우어워스는 아우구스티누스의 『신국론』을 요약하면서, 기독교윤리의 역사에 나타난 예배에 대한 강조를 재차 확인한다.[11]

하우어워스가 요약한 아우구스티누스의 강조점은 여섯 가지이다. ① 그리스도인은 덕의 사람이 되어야 한다는 것, ② 모든 덕은 사랑에 의해 형성되어야 한다는 것 즉 카리타스(caritas)이어야 한다는 것, ③ 사랑이란 하나님께서 우리를 친구삼아주신 것이라는 점, ④ 사랑의 질서가 필요하며 사회의 질서 역시 여기에서 연유한다는 것, ⑤ 하나님의 백성으로서의 교회는 결코 권력에 종속되어서는 안 된다는 것, 그리고 ⑥ 많은 결함과 실수에도 불구하고 교회만이

진정한 정치공동체라는 것이다.

이처럼, 아우구스티누스에게서 확립된 교회의 예배공동체성은 이후 중세의 거장 아퀴나스에게 이어졌고, 그리스도인들이 예수 내러티브에 기초한 윤리를 지닌 자들이라는 점이 지속적으로 유지되었다.

이후 종교개혁자들이 윤리를 교회와 분리될 수 있는 학문으로 간주한 것처럼 과도한 해석자들이 나타나기도 했지만, 이는 해석상의 과장 혹은 왜곡에 속한다. 루터나 칼뱅이 교회와 윤리를 분리시킨 것은 아니기 때문이다. 믿음에 의한 구원을 강조하기는 했지만,[12] 그리스도인들이 은혜에 의해 그리스도의 제자가 되어야 한다는 것을 놓치지 않았다. 오히려 종교개혁자들은 교회를 개혁하는 과정에서 윤리의 중요성을 놓치지 않고 기독교의 본래적인 것(inherent)에 속한다고 생각했다.

예배와 윤리의 이분법에 대한 반박 및 기독교윤리 역사에서 예배의 중요성에 대한 고찰을 통해 하우어워스는 기독교윤리의 과제를 제안한다. 요컨대, 현대 기독교윤리는 그 '기초로 돌아가야 한다.'는 것이다.[13]

그리스도인은 수 백 년 동안 교회가 형성시켜온 실천들을 중요하게 수용하고 이어온 자들이라는 점에서, 예배에 대한 바른 인식은 아무리 강조해도 지나치지 않다. 예배는 교회가 전수해온 실천의 표식이요 상징이기 때문이다. 이점에서, 기독교윤리가 그 기초 즉 교회와 그 실천의 맥락으로 돌아가야 한다고 했던 이유는 분명해진다.

하우어워스를 눈여겨보는 이유는 그에게서 오늘의 교회를 교회되게 할 단초들이 발견되기 때문이다. 예를 들어, 예전(liturgy)에 대한 강조가 그렇다. 하우어워스는 예배의 중요성을 무척이나 강조한다. 교회는 모두의 진정한 주가 되시는 하나님께 대한 예배를 통해 통일성을 보여주는 공동체가 되어야 하며, 예배를 통해 우리 자신과 타자에 대해 우리가 신실해지는 데 필요한 진리를 배워야 한다.[41]

하우어워스에 따르면, 그리스도인은 예전을 통해 형성된다. 그리스도인은 단지 바르게 살도록 부르심을 받았을 뿐 아니라 거룩해져야 하며, 성화(sanctification)는 진리의 공동체를 통해 이루어진다는 뜻이다. 그에 따르면, 우리는 예배하기 위해 지음 받은 존재라는 사실 역시 진리에 속한다.[42] 교회에 대한 일방적 비난과 절망적 매도를 넘어 하나님께서 교회의 주되심(Lordship)에 대한 신뢰와 교회됨을 위한 신실한 노력의 필요성을 강조하는 것으로 읽어야 한다는 뜻이다.

✝ 예배의 공동체성에 주목하라

예배와 예전이 윤리와 분리될 수 없는 교회의 본래적이고 중요한 실천이자 온갖 굴곡들을 이겨내고 전수되어온 내러티브에 속하는 것이라면, 기독교윤리가 예배와 예전에서 주목해야 할 요점은 무엇인가? '공동체성'에 있다. 교회는 예배공동체이자 증인됨의 공동체이어야 한다는 것이다. 혹은 예배를 통해 그리스도의 제자됨과 증인됨을 위한 분명한 확신과 실천을 담보해야 한다는 뜻으로 옮길 수 있겠다.

하우어워스가 공동체성에 주목하고 있다는 점은 예배와 예전에 관한 설명들에 분명하게 드러난다. 하우어워스에 따르면, 교회는 하나님의 이야기를 가진 공동체이며, 성만찬은 그리스도께서 행하신 일들을 기억하게 하기 위해 제정된 실천이다.

성만찬을 통해 그리스도인들은 자신의 정체성을 인식하게 되며, 예배를 통해 그리스도인들은 해야 할 것과 하지 말아야 할 것을 인식하게 된다는 점에서,[14] 기독교윤리는 그 기초로 돌아가야 한다.

여기에서 유의할 것은 하우어워스가 예배를 그리스도인다운 삶을 형성시켜주는 통로로 간주한다는 점이다. 예배를 포함하여 예전에 관심을 갖는 것은 기독교윤리를 위한 새로운 주제를 찾아내려는 목적에서가 아니라, 교회의 교회됨을 추구하는 과정과 맞아 떨어지는 측면이 있다.

하우어워스가 말한 것처럼, 교회의 으뜸가는 책무는 사회정책을 제시하는 것이 아니라 교회로 교회되게 하는 것이라는 점에 비추어 볼 때, 교회의 실천적 책무에 속하는 예배와 예전에 대한 관심은 매우 중요한 의의를 지닌다.

특히 예배라는 것 자체가 교회가 전수받아온 실천들(practices)이라는 점에 주목할 필요가 있다. 예배는 그리스도인의 성품과 관점을 형성시키는 일련의 관행들로서, 진리의 식별과 성도의 교제 그리고 구제에 이르는 삶의 구체성을 알려주는 습관과 모델들을 제안해 준다. '선의 공동체적 식별'(a corporate practice for discerning the good)이라는 하우어워스의 표현은 예배가 지닌 윤리적 의의를 대변해준다.[15]

예를 들어, 초대교회의 예배에서 성경에 대한 공동체적 읽기가 강조되었던 점에 유의할 필요가 있다.[16] 말하자면, 교회는 예배를 통해 어떤 선과 가치를 추구해야 하며, 어떤 공동체가 되어야 할 것인지를 배우며 훈련받아온 셈이다.

하우어워스의 관심은 예배에만 적용되는 것이 아니라, 예전 일반에 적용된다. 무엇보다도 성만찬에 대한 이해에서 더욱 분명해진다. 성만찬은 그리스도인을 서로 만나게 하며 서로를 용서받은 공동체에 속해있게 하며 예수 내러티브를 구현하도록 이끌어 준다는 점에서 기독교윤리의 핵심적인 관심사가 되어야 한다.

기독교윤리란 예수 내러티브를 통해 예수의 제자가 되고 증인이되게 하는 것이라는 점에서 본다면,[17] 성만찬을 비롯한 예전이 추구하는 목표와 기독교윤리가 추구하는 것 사이에 공통분모가 자리하고 있는 셈이다.

특히 성만찬에는 네 가지 윤리적 연관성이 있다. 하나님을 만나고 서로를 만나게 하며, 예수 내러티브를 다시 만나게 하고, 그것을 구체적으로 체험하게 하며, 그 이야기를 실천하도록 이끌어 준다.[18] 이러한 뜻에서, 성만찬은 그리스도인의 도덕형성과 성숙을 위한 자양분이다. 성만찬은 공동체와 구성원들을 격려하며 공동체를 형성시켜주는 터전이자 통로이기 때문이다.[19]

성만찬에 대한 강조는 하우어워스의 목회윤리에서 더욱 강조된다.[20] 목회의 성례전적 특성과 목회자의 도덕적 성품 사이에는 중요

한 연관성이 있다.[21]

목회자의 직임이 공동체적으로 중요한 의의를 지니는 것은 그의 목회능력을 비롯한 개인적 요소들에 기인하는 것이라기보다 그가 교회의 성만찬 집례자라는 점에서 설명되어야 한다. 목회자는 성만찬의 집례를 통해 교회를 향하여 그리스도의 대제사장되심의 은혜를 드러내야하며 성만찬의 공동체(an eucharistic community)를 형성하고 하나님의 임재를 경험하게 해야 한다는 뜻이다.[22]

성만찬뿐만 아니라, 세례에 대한 이해 역시 중요하다. 세례를 받는 것은 은혜에 참여하는 것이며, 삶의 방향을 재조정하는 것이요, 새로운 시작이다. 세례를 받았다는 것만으로 도덕적 영웅들의 공동체의 구성원이 되는 것은 아니지만, 새로운 시작임에 틀림없다.

동시에 세례에는 공동체적 의의가 담겨있다. 세례는 개인에게 주어지는 것이지만, 세례는 그리스도와 연합하는 것이요 공동체의 구성원이 된다는 것을 뜻한다. 그리스도인이 되는 것은 개인의 신앙고백을 기초로 하는 것이지만, 그 맥락과 배경 자체가 교회라고 하는 공동체를 전제하는 것이라는 점에서 세례는 근본적으로 공동체적 사건이라고 보아야 한다.

이점에서 우리는 포레스터(Duncan B. Forrester)가 하우어워스를 언급했던 부분들 중에서 주목할만한 표현을 볼 수 있다. 포레스터에 따르면, 교회가 사회윤리를 소유한 것에 만족하지 않고 교회 자체가 사회윤리를 행하기를 권하는 하우어워스의 관점을 따라가노라면, 세상에서 가장 분명하게 하나님 나라의 표시가 되는 것이 세례와 성만찬이라는 사실을 깨달을 수 있다.[23]

비록 포레스터가 추구하는 방향이 하우어워스와 다른 면모가 있기는 하지만, 교회와 예배와 윤리의 연관성에 대한 하우어워스에 상당부분 맞닿아 있다. 포레스터는 예배의 중요성에 관심을 가짐으로써, 예수 그리스도 안에서 하나님께서 하신 그 일에 신실하게 살아가는 방식을 배울 수 있다고 보았던 하우어워스의 관점을 상당부분 수용하고 있는 듯싶다.

포레스터의 하우어워스 해석에 따르면, 예배를 통해 그리스도인은 새로운 신분이 되며, 새로운 신분이 된 사람들과 함께하는 예배에서 새로운 윤리가 형성된다. 하나님과의 만남을 통해 제자가 되는 방법을 배운다. 바꾸어 말하자면, 예배는 하나님의 백성들의 중심적인 행위이며 하나님의 백성의 정체성을 규정해준다.[24]

이러한 흐름에서 본다면, 하우어워스에게서 교회는 '예배공동체'로 인식되고 있는 셈이다. 여기에는 공동체적 관점과 더불어 기독교윤리의 개념에 대한 하우어워스 나름의 도전적 제안이 담겨있다. 교회의 실천적 관행으로서의 예배와 예전의 중요성을 재인식해야 하며, 기독교윤리는 특정 신학자의 이론에 고착될 것이 아니라 교회 그 자체에로 돌아가야 한다는 것이다. 교회야말로 기독교윤리의 기초이자 존립근거이기 때문이다.

하우어워스에 따르면, 기독교윤리란 그리스도인으로 하여금 예수 그리스도라는 삼위일체 하나님에게서 연유하며 그분과 함께 드러나는 하나님의 모든 의를 성취하도록 돕기 위한 학문이다.[25] 그리스도인의 삶을 형성시키는 것은 기독교윤리의 전유물이라기보다 교회의 몫이요, 교회적 맥락에서의 실행되는 모든 실천적 관행들이 그리스도인의 삶에 영향을 미치는 중요한 통로가 된다는 뜻으로 옮겨봄직하다.

무엇보다도, 그리스도인이 하나님의 증인이 되도록 훈련을 받는 최선의 방식은 예배에 있다. 하나님께 대한 예배를 통해 하나님의 영광을 드러내는 삶을 살도록 훈련 받는다.[26] 혹은 예배를 통해 그리스도인의 정체성을 발견하고 그리스도인으로 살게 하는 동력을 얻는다.

이점은 하우어워스에게서 기독교윤리의 정체성과 특징을 가장 분명하게 보여주는 요소라 할 수 있다. 그는 기독교윤리란 그리스도인들로 하여금 예수의 의를 실현할 수 있도록 돕는 학문이어야 함을 강조한다.[27]

여기에는 특정한 신학자나 그의 사상에 함몰된 나머지 기독교윤리의 바탕이 되는 교회와 그 실천관행들을 도외시해서는 안 된다는 문제의식이 담겨있을 듯싶다. 기독교윤리의 본래적 특징과 정체성을 희석시키지 않기 위해서는 교회와 분리된 이론의 탐구에 흘러서는 안 되며, 추상적인 학술이론의 모색을 뒷받침해줄 수 있는 구체적이고 실천적인 관점을 소홀히 여겨서는 안 된다는 뜻도 내포되어 있는 듯싶다.

하우어워스의 윤리를 '교회윤리'라고 부르는 데에는 이러한 요소들이 크게 작용하는 것 같다. 특히 예배를 비롯한 예전 그 자체에 대한 관심보다도 그것이 교회의 실천관행이자 전통이라는 사실에 주목했던 부분을 놓쳐서는 안 될 듯싶다.

이것은 하우어워스가 교회를 정의할 때, 예수 내러티브의 공동

체라고 말한 것과도 일맥상통하는 대목이다. 하우어워스가 예배
와 예전에 큰 관심을 갖는 것은 결국 그가 교회를 예배공동체로
인식하고 있다는 사실을 반증해준다.

더욱이, 하우어워스의 정치개념에 비추어 볼 때, 그가 세례와 성
만찬은 그리스도인의 정치에 필수불가결한 것이라고 말했던 것을
소홀히 여겨서는 안 된다.[28] 이는 교회가 정치적 자유주의를 근간으
로 하는 세속정치에 대한 대조모델이 되어야 한다는 관점과 무관하
지 않다. 교회가 자유주의 및 자본주의와 '콘스탄틴적 결탁 혹은 동
화'로 치달아서는 교회됨을 구현할 수 없다고 생각한 셈이다.

하우어워스에 따르면, 교회가 모범이 되는 공동체로서 그 기능을
다할 때 그 자체로 사회윤리가 될 것이다.[29] 교회란 왕이신 그리스
도를 예언적으로 선포하고 성만찬을 통해 그리스도를 기억하는 공
동체라는 것이다. 교회는 세상에게 세상의 비참한 제 모습을 비추
어주고 깨닫게 하는 거울인 동시에 세상과 교회는 같은 것일 수 없
다는 사실을 보여주어야 한다는 것이다.

윤리가 기독교적인 것이 되기 위해서는 말씀과 성례의 일치를 가
장 중요시하는 교회의 삶과 윤리에 근거를 두어야만 한다고 말했던
하우어워스의 관점 역시 이러한 맥락에서 이해되어야 할 것이다.
하우어워스가 보기에, 기독교공동체와 그 공동체의 예배에 대한 실
천으로부터 기독교윤리가 분리된다면, 기독교윤리의 진정한 의미
를 보전할 수 없다.

마찬가지로, 성만찬의 실천과 신학 역시 세례와 성만찬이 지닌
윤리적 의의와 분리되어서는 안 된다. 포레스터의 해석에서 볼 수

있듯이, 예배에서 그리스도인은 교회가 되는 것이 무엇인지를 경험하며, 예배 안에서 하나님을 만나기 때문이다.[30] 하우어워스가 제안하고자 했던 교회됨을 통한 기독교윤리의 핵심이 여기에 있을 듯싶다.

말하자면, 교회는 예배공동체이며 기독교윤리는 예배공동체의 윤리이어야 한다. 그것은 교회로 하여금 교회 그 자체가 되게 하는 내적 과제일 것이며, 나아가 교회됨이야말로 기독교윤리가 추구해야 할 여러 과제들 중에서 우선순위상 급선무가 아닐까 싶다. 말하자면, 예배에 대한 윤리적 관심은 본질적으로 기독교윤리가 교회적이어야 한다는 점을 보여주는 통로라 하겠다.

이점에서, 우리는 하우어워스가 예배를 통한 윤리의 성찰을 시도한 것이 결국 기독교윤리와 교회와의 관계에 대한 성찰을 의도한 것임을 알 수 있다. 기독교윤리와 교회는 분리되거나 그 관계가 왜곡되어서는 안 된다는 것이다.

이제까지의 기독교윤리가 칸트의 영향을 받은 나머지 교회와 윤리를 분리시켜온 이유를 예배와 예전이라는 교회의 실천에 기초하기보다는 특정한 신학자의 관점에 집중해왔기 때문이라고 진단하고,[31] 교회적 맥락을 회복해야 한다는 점을 강조한 셈이다.

하우어워스에 따르면, 교회는 하나님의 이야기를 가진 공동체이며, 성만찬은 그리스도께서 행하신 일들을 기억하게 하는 제정된 실천이다. 성만찬을 통해 그리스도인들은 자신의 정체성을 인식하게 되며, 예배를 통해 그리스도인들은 해야 할 것과 하지 말아야 할 것을 인식하게 된다는 점에서,[32] 기독교윤리는 그 기초로 돌아가야 한다. 즉 교회의 실천적 관행으로서의 예전의 중요성을 재인식해야 하며, 보다 근본적으로는 특정학자의 특정이론으로부터 교회 그 자체에로 돌아가야 한다는 것이다. 교회야말로 기독교윤리의 기초이자 존립근거이기 때문이다.

무엇보다도, 하우어워스에게서 기독교윤리는 개인적인 것이 아니라, 공동체적이다. 그리스도인은 그리스도의 몸의 한 부분으로서, 그 몸과 조화를 이루며 그 몸에 의해 자신들의 삶을 지탱한다. 예배, 성만찬, 그리고 세례에는 윤리적 의의가 있으며 이러한 예전들과 윤리를 분리시켜서는 안 된다는 생각인 셈이다.

이러한 의미에서, 기독교윤리는 교회로부터 분리될 수 없으며 특히 교회의 실천들 즉 예배를 비롯한 예전들에 관심을 가져야 한다는 점을 제안하고 있는 셈이다.

✝ 펀더멘탈에 힘써라

하우어워스가 보기에, 기독교윤리란 칸트 이후 계몽주의의 세례를 받은 분과학문이기 이전에, 초대교회로부터 그리스도인의 삶을 이끌어온 규범이며 그리스도를 따라 살도록 이끌어 주는 학문이라 할 수 있다.[33]

이를 위해 그리스도인을 하나님의 증인이 되도록 훈련하는 최선의 길은 예배이다.[34] 그리스도인은 예배를 통해 정체성을 발견하고 그리스도인답게 살아갈 능력을 얻기 때문이다.

예배와 윤리의 분리시켜서는 안 된다는 하우어워스의 여러 주장들에서,[35] 주목해야 할 것은 그가 예배학을 기웃거리고 있는 것이 아니라 예배에 대한 공동체적 인식의 필요성과 예배의 진정한 의의 회복을 강조하고 있다는 점이다.

하우어워스의 교회이해에는 예배자들의 공동체라는 인식이 포함되어 있다. 예배자는 홀로 예배하는 것이 아님을 인식해야 하며, 나의 예배가 바른 것인지를 알기 위해 예배의 동료 즉 예배공동체가 필요하다는 생각이다.[36] 예배를 통해 그리스도인으로서의 성품을 함양하고 구원받은 그리스도인임을 지속적으로 인지하고 확인하게 된다는 것이다.

이러한 맥락에서, 예배가 개인화되는 경향은 그리스도를 통한 하나님의 용서와 화해의 은총을 공동체와 격리시켜서 개인적 경험 안에 고립시킬 가능성이 크다.[37] 사실, 공(公)예배라는 표현이 보편화되어 있기는 하지만, 이는 자칫 사(私)예배도 가능하다는 암시로 비춰지기 쉽다.

더욱이 예배를 공식적이고 복잡한 절차를 지닌 일종의 공식 행사쯤으로 곡해되도록 방치해서는 안 될 것이다. 개인묵상이나 성경읽기가 영적 유익이 된다는 것에는 의심의 여지가 없지만, 예배의 본래적 맥락은 공동체적인 것임을 간과해서는 안 된다.

흥미로운 것은 현대 예배에 대한 하우어워스에 진단이다. 그에 따르면, '오늘의 예배는 추하다.'[38] 예배가 공연(entertainment)으로 변질되고 일종의 소비대상이 되어버렸고 회중은 예배참여자라기보다 어느덧 문화소비자 혹은 관객이 되기 쉽다. 예배가 공연으로 전락한 이유는 신앙인들의 모임으로서의 공동체를 상실했기 때문이며,

예배의 공동체성을 회복해야 한다는 진단과 처방인 셈이다.

물론, 퍼포먼스를 통한 메시지 전달효과 자체를 일방적으로 경시하려는 것은 아니다. 하지만, 이벤트나 공연만으로는 예배의 본질을 대체할 수 없다는 점은 분명하다. 특히 초대교회의 예배가 말씀 읽기에 초점을 맞추고 예수의 제자됨을 위한 관심에 주력했던 것은 중요한 시사점이라 하겠다.

나아가 예배와 성만찬, 그리고 세례의 중요성에 주목하면서, 하우어워스는 자신이 생각하는 교회됨을 위한 본래적인 요소가 무엇인지를 암시해준다. 이러한 요소들을 통해 그리스도인의 성품이 형성되며, 예수 내러티브가 이해되고 전수되며 실천될 기반이 마련될 것이라고 보았던 것 같다. 교회를 '덕의 학교'이어야 한다고 말하는 이유 또한 이러한 맥락에서 이해될 수 있을 것이다.[39] 말하자면, 예배공동체로서의 교회에 대한 강조는 기독교윤리가 예수 내러티브의 교회적 실천을 소홀히 해서는 안 된다는 일깨워준 셈이다.

이러한 관점들은 예배윤리의 특징과 가능성을 보여주는 제안일 수 있다. 하지만, 하우어워스가 제안하는 예배윤리에는 몇 가지 한계 혹은 간과하고 있는 요소가 있는 듯싶다.

가장 먼저 생각할 수 있는 것은 예배의 윤리를 위한 학문적 공동연구가 필요하다는 점이다. 예를 들어 공저(共著) 형태로 집필해 온 관례를 따라 예배에 대한 저술에서 선택한 파트너가 교구목회 경험을 가진 목회자인 동시에 듀크대학에서 교목실장으로 학원목회 현장에 있는 학자라는 점은 일정부분 공감할 수 있는 대목이기는 하다.

하지만, 결국은 기독교윤리를 전공한 학자라는 점에서 아쉬움이 남는다. 예배와 예전의 문제를 다루면서 예배학의 관점들을 포함하는 학제간의 공동연구가 진행되었더라면 좀 더 깊이 있는 통찰과 풍요로운 논의가 이루어질 수 있었을 것 같다. 이를테면, 어떤 예배가 바른 예배인가를 말하기 위해서는 예배학자들과의 긴밀한 협동연구가 필수적일 수 있다는 점에서 말이다.

하지만, 이 부분은 하우어워스의 윤리 자체가 지닌 특성과 그 한계에 대한 비판적 관점들을 참고할 때 그리 중대한 아쉬움이 아닐 수 있다. 예배를 통한 윤리의 연구라는 하우어워스의 시도 그 자체는 과연 어떤 의미에서 정당화되어야 하는 것일까 하는 문제가 바로 그것이다.

이제까지의 논의를 통해, 하우어워스가 윤리에서 예배로, 예배에서 교회로, 그리고 교회에서 다시 윤리로 돌아오는 궤적을 따라 논변을 진행해 왔음을 간파할 수 있다.

그가 말하고자 한 것은 예배학을 어떻게 연관 지어 연구할 것인가 혹은 예배의 순서와 관행을 어떻게 바꿀 것인가의 문제가 아니라, 기독교윤리가 진정으로 주목해야 할 이슈들이란 과연 무엇인가에 관한 것이 아닐까 싶다.

다른 말로 하자면, 기독교윤리란 시민사회를 위한 분배정의 및 인권의 문제를 비롯한 사회적 책임의 문제 및 그 제도적 대안의 모색보다는 교회 그 자체의 실천에 대한 성찰이어야 하며 예수 내러티브의 성품화를 비롯하여 교회의 교회됨을 추구해야 한다는 제안으로 볼 수 있다.

그 배경에는 근대이후 이제까지 기독교윤리가 칸트의 영향을 지나치게 받아온 나머지, 교회와 윤리를 분리시켜왔다는 문제의식이 깔려 있다. 그것이 오늘날 기독교윤리의 정체성 상실로 이어져 이른바 콘스탄틴적 결탁을 초래했다고 보기 때문이다. 하우어워스는 이러한 현상이 나타난 이유를 교회의 실천, 특히 예배와 예전에 기초하려하기보다 특정 신학자의 이론에 집착했기 때문이라고 진단하면서,[40] 기독교윤리로 하여금 그 본래적 맥락인 교회로 돌아가 교회의 실천에 주목할 것을 제안한 셈이다.

사실, 이 부분이야말로 하우어워스 연구에서 가장 예민한 부분일 수 있다. 근대이후의 기독교윤리학자들이 과연 교회를 도외시한 채, 순수한 이론윤리만을 다루어왔다고 단정지어 평가할 수 있는 것인지 객관적인 성찰이 필요해 보인다.

이제까지 기독교윤리학자들이 사회문제에 관심을 가져온 것은 결국 교회의 윤리가 관심을 가져야 할 지평을 확대시키고 교회의 사회적 책임을 구현하고자 했던 고민의 흔적이라는 점에서 본다면, 하우어워스의 관점이 전적으로 옳다고 말하기는 어려워 보인다.

이른바 소종파적 퇴거(withdrawal)의 비판이 나오는 대목도 바로 이 부분이다. 혹은 '자폐적 교회관'이라는 혹평을 듣게 되는 것도 바로 이 부분이다.

하우어워스가 말하는 것은 다른 방식의 참여라고 하는 주장을 비롯하여 그의 관점을 옹호하려는 논법이 가능하기는 하다. 솔직히, 하우어워스가 시민사회와의 소통 자체를 금지시킨 것도 아니고 단절을 선언한 것도 아니지 않은가? 가령, 반전 비폭력을 주제로 하는 강연과 저술활동을 펼치는 것 자체가 소통의 또 다른 노력이라고 볼 수도 있겠다.

하지만, 균형잡힌 접근이 필요한 것만은 분명해 보인다. 교회의 사회적 책임에 대한 관심과 참여의 문제는 결코 가볍게 여길 수 없는 핵심적인 이슈라는 점에서, 하우어워스 자신이 시큰둥해 하는 라인홀드 니버 계열의 기독교사회윤리학은 물론이고 공공신학으로 이어지는 사회적 책임과 참여에 대한 관심을 충분히 고려하는 노력이 반드시 필요하다.

정작 우리가 질문해야 할 것은 따로 있는 것 같다. 교회는 항상 좋은 곳인가? 교회공동체로부터 받는 상처들은 어떻게 설명하고 해결할 것인가? 복음이 있는 예배공동체에서 왜 복음이 능력을 발휘하지 못하는가? 보다 직접적으로 질문하자면, 좋은 예배란 무엇을 말하는 것인가?

좋은 예배, 바른 예배 여부를 따지기도 전에, 예배 자체를 드리지 못하게 되는 예배방해와 폭력사태들이 교회 안에 생겨나는 현상들은 과연 어떻게 설명해야 하고 그 윤리적 해법은 무엇이어야 하는가? 결론을 짓기보다는 남은 질문들로 마감하는 것은 이 글이 특정 학자의 관점을 답습하려는 것이 아니라, 우리의 교회를 위한 깊이 있는 성찰이 이어지기를 바라는 마음에서라고 할 수 있겠다.

1.   Stanley Hauerwas and Samuel Wells, ed., *The Blackwell Companion to Christian Ethics* (Malden, MA: Blackwell Publishing, 2006), 3. *이 글에서 컴패니언을 언급하는 문구에 하우어워스를 말하는 것은 공동집필이라는 점을 감안하여 읽어주시기 바란다. 참고로, 필자가 2010년 여름, 듀크에 방문했을 때, 하우어워스가 이 책을 강력하게 추천하면서 필자에게 일독을 권해주었던 기억이 난다. 그만큼 하우어워스에게는 의미있는 연구라는 뜻일 듯싶다.

2.   같은 책, 4.

3.   같은 책, 3.

4.   같은 책, 4-7.

5.   같은 책, 41.

6.   같은 책, 43.

7.   Aurelius Augustinus, *De civitate Dei*, V.2.19. id est ueri Dei uero cultu, ueram posse habere uirtutem

8. 같은 책, X.1.6. relatum scilicet ad illum finem boni, quo ueraciter beati esse possimus

9. 같은 책, I.3.36. asseramus ciuitatem Dei ueramque pietatem et Dei cultum, in quo uno ueraciter sempiterna beatitudo promittitur.

10. 같은 책, X.1.6. ut tota ipsa redempta ciuitas, hoc est congregatio societasque sanctorum, uniuersale sacrificium offeratur Deo

11. Stanley Hauerwas and Samuel Wells, ed., *The Blackwell Companion to Christian Ethics*, 44.

12. 같은 책, 48.

13. 같은 책, 49.

14. 같은 책, 50.

15. 같은 책, 9.

16. 같은 책, 39.

17. 문시영, "하우어워스의 교회윤리로서의 사회윤리" 「기독교사회윤리」 20집. (한국기독교사회윤리학회, 2010), "하우어워스의 윤리에서 복음과 교회" 「기독교사회윤리」 21집. (한국기독교사회윤리학회, 2011)을 참고할 것.

18. Stanley Hauerwas and Samuel Wells, ed., *The Blackwell Companion to Christian Ethics*, 9-11.

19. Duncan B. Forrester/ 김동선 옮김, 『참된 교회와 윤리』(한국장로교출판사, 1999). 88

20. 이에 관해서는 문시영, "공동체적 맥락에서 본 목회윤리와 덕의 문제" 「장신논단」 41집. (장로회신학대학교, 2011)을 참고할 것.

21. Duncan B. Forrester, 『참된 교회와 윤리』, 135.

22. 같은 책, 133.

23. 같은 책, 95.

24. 같은 책, 73.

25. Stanley Hauerwas and Samuel Wells, ed., *The Blackwell Companion to Christian Ethics*, 15.

26. 같은 책, 25.

27. 같은 책, 15.

28. Stanley Hauerwas, *The Peaceable Kingdom : A Primer in Christian Ethics* (Notre Dame, IN: University of Notre Dame Press, 1983), 108.

29. Stanley Hauerwas with Richard Bondi and David Burrell, *Truthfulness and Tragedy : Further Investigations into Christian Ethics* (Notre Dame, IN: University of Notre Dame Press, 1977), 142.

30. Duncan B. Forrester, 『참된 교회와 윤리』, 75.

31. Stanley Hauerwas and Samuel Wells, ed., *The Blackwell Companion to Christian Ethics*, 28-36.

32. 같은 책, 50.

33. 같은 책, 15.

34. 같은 책, 25.

35. Stanley Hauerwas, "Worship, Evangelism, Ethics: On Elimination the 'And'", in ed., Byron Anderson and Bruce T. Morril, *Liturgy and the Moral Self: Humanity at Full Stretch Before God* (Collegeville MN: The Liturgical Press, 1998), 99.

36. 같은 책, 98-99.

37. 홍순원, "기독교윤리의 예배학적 기초: 세례와 성만찬을 중심으로" 「신학과 실천」 23호 (한국실천신학회, 2010), 88.

38. 'so much of contemporary Christian worship is ugly.' Stanley

Hauerwas and Jason Barnhart, *Sunday Asylum : Being The Church in Occupied Territory* (www. thehousestudio.com, The House Studio and The Work of the People, 2011) *이 부분은 Amazon.com에서 I-Pad로 구입한 Digital Edition에서 인용한 탓에 페이지 수를 정확하게 기입할 수 없었다. 참고로 이 책은 하우어워스의 강의를 담은 DVD를 포함하여 단행본으로도 출판되었다.

39. Stanley Hauerwas, 『교회됨』, 168-174.

40. Stanley Hauerwas and Samuel Wells, ed., *The Blackwell Companion to Christian Ethics*, 28-36.

41. Stanley Hauerwas, *Hannah's Child*, 159.

42. Michael G. Cartwright, in *The Hauerwas Reader*, 658.

8. 교회되게 목회하라

✝ 목회윤리의 재발견

목회윤리는 '교회로 교회되게 하는' 요인이다. 목회자 개인의 도덕성에 초점을 맞춰온 이제까지의 목회윤리가 목회자의 윤리적 성숙에 기여한 것은 사실이지만, 목회자의 윤리적 잘잘못에 대한 질책에 집착하는 경향이 없지 않았다.

목회자 개인의 윤리적 성숙을 강조하고 그 과제들을 연구해온 노력은 그 자체로 큰 의의가 있지만, 정작 교회라고 하는 공동체적 맥락과 연관 지으려는 시도는 거의 없었던 듯싶다. 이러한 뜻에서, 목회윤리의 공동체적 지평에 대한 이해와 함께 한국적 실천 과제가 모색될 수 있기를 기대해 본다.[1]

목회윤리에 대한 이해에서 목회자 개인의 도덕성은 중요한 구성 요소로 자리매김 되어 있다. 목회 리더십을 구성하는 요소들에는 명확하게 포함되지 않은 듯하면서도, 실제로는 결정적 요소로 작용하고 있다. 기능상으로, 목회윤리는 목회자의 도덕성을 성찰하게 하며 전문직으로서의 책임을 일깨워주는 것인 동시에 목회자에게 치명적 영향을 주기도 한다.

특히, 도덕성 함양의 취지보다는 목회자를 몰아세우는 도구로 남용될 가능성이 적지 않다는 데 문제가 있다. 목회자 개인의 부도덕이 그가 섬기던 교회나 공동체의 직무에서 물러나게 하는 요인이 될 뿐 아니라, 목회자로서의 사역 자체를 중단시킨 지경에 이르는 여러 사례들을 우리는 잘 알고 있다. 그렇기에, 목회자로서의 책임감을 더욱 무겁게 느끼면서, 목회윤리가 목회자 뿐 만 아니라 그리스도인 모두에게 바람직하게 이해되어야 한다는 점을 절감하게 된다.

과연, 목회윤리에 대한 우리의 이해는 과연 적절한 것일까? 목회자들은 자신들이 할 일을 스스로 잘 알고 있다는 신화에 사로잡히기 쉽고, 평신도들은 하나님께서 선한 성품의 사람에게만 소명을 주셨으리라 생각하겠지만, 목회윤리의 문제들이 지속적으로 재론되고 있다. 트럴과 카터는 '별로 선하지 않은 세상에서 선한 목회자 되기'(being a good minister in a not-so-good world)라는 부제를 붙인 공저에서, 목회윤리가 재론되는 것은 문화의 변화에 따른 목회윤리의 복합화, 그리고 목회자들의 윤리적 실패의 증가하는 데 그 원인이 있다고 진단하기도 한다.[2]

목회윤리에 대한 기대들이 목회자의 도덕적 성숙을 요구하는 목소리들로 가득 차 있는 이유 중에는 우리가 그동안 목회윤리에 대해 지나치게 낭만적이거나 이상적인 기준을 적용해왔거나 목회자 개인의 성품에 대한 기대가 너무 높았기 때문일지도 모르겠다. 목회윤리는 천부적인 것이 아니라 소명의식의 기초 위에서 훈련받아 성숙되어야 할 요소일 듯싶다. 타고난 성품이 좋거나 목회적 소질이 다분한 인재들이 목회자가 된다면 더욱 좋겠지만, 우리의 현실은 꼭 그렇지만은 않기 때문이다.

솔직히, 목회윤리에 대한 이제까지의 관심들 대부분은 목회자 개인의 도덕성을 문제 삼는 경향이 있었다. 목회자 개인의 도덕성이 중요하다는 점은 두말할 필요도 없지만, 핵심은 그 인식의 관점과 접근방식, 그리고 대안의 모색에 있다.

하우어워스가 보기에, '목회자'가 되는 것과 '도덕적 존재'가 되어야 한다는 것을 말과 마차의 관계인 듯 여기는 데 문제가 있다. 실제로, 이제까지의 목회윤리에서, 목회자에게는 다른 사람보다 더 나은(more so) 도덕성이 필요하다는 생각이 지배적이었다. 같은 악행이라 해도, 일반인들의 경우보다는 목회자의 악행을 더욱 심각한 것으로 간주하는 경우가 그렇다.

하우어워스에 따르면, 이러한 전통적인 관점은 반론에 직면할 수 있다. 목회사역의 정당성이 오로지 그 직무를 수행하는 개인의 거룩성에만 의존하는 것처럼 생각하게 되면, 이는 현대판 도나투스주의(Donatism)에 흐리기 쉽다는 반론에 부딪힐 수 있다는 것이다.[3]

교회사에 나타난 것처럼, 아우구스티누스 당시 도나투스주의자들이 로마에 협력했던 성직자들의 성찬을 거부하고 교회의 순수성을 지켜야 한다는 명분으로 폭력까지도 서슴지 않았던 것과 유사한 논

리적 구조를 지니게 된다는 주장이다.[4]

그러나 이는 목회자의 개인윤리적 성숙의 필요성을 약화시키거나 그 책임을 희석시키려는 것이 결코 아니다. 오히려 목회윤리의 성숙을 위한 성찰의 필요성을 제기해준 것이라 하겠다.

이러한 뜻에서 하우어워스의 관점을 요약하자면, 목회윤리에 대한 전통적인 관점이 전제하고 있는 의무론 혹은 율법주의적 관점으로는 그 바람직한 방향과 대안을 모색하는 데 한계가 있다는 것이다.[5] 그가 덕 윤리(virtue-ethics)에 관심을 갖는 이유 역시 다르지 않다. 의무론적 윤리의 대안이 되리라 생각했기 때문이다.

무엇보다도, 덕 윤리를 목회윤리에 적용하려는 것은 목회자 개인의 도덕성에 대한 책임의식을 완화시키거나 면제하는 일이라기보다 새로운 관점에서 목회의 본질을 인식하고 바람직한 목회윤리를 모색하자는 시도로 읽어야 한다.

이 점에서, 한국교회의 목회윤리에 대한 논의에서도 목회현장의 목회자의 연구를 통해 덕 윤리와 목회지도력의 상관성을 성찰하고 실천적 대안을 제시하려는 시도가 있었다는 점은 그 자체로 높이 살만하다.[6]

주목해야 하는 것은 덕 윤리가 지닌 공동체주의적 요소이다. 특히 목회윤리의 바람직한 인식을 위해서는 공동체적 배경에 대한 이해 또한 중요하다는 사실에 초점을 맞추고자 한다. 공정사회 논란과 더불어 공동체에 대한 관심이 봇물 터지듯 일고 있는 정황에서, 목회윤리의 공동체적 지평을 고찰하는 일은 목회윤리에 대한 중요한 관점전환의 시도라 하겠다.

비유하자면, 전문직 윤리의 대표적인 사례라 할 수 있는 의료윤리 분야에서 의사-환자의 관계모델에 대한 관점전환의 논의가 있었던 것과 마찬가지로,[7] 목회윤리에서의 관점전환 또한 시급하다.

다른 점이 있다면, 목회윤리가 모델변경이 아닌 패러다임의 변경 혹은 지평의 확대를 말한다는 점이다. 목회윤리의 근간은 '성직자 모델'이어야 함에 분명하지만, 그 지평이 달라져야 한다는 뜻이다. 목회자 개인의 도덕성과 책임을 다루는 의무론적 윤리에서 목회자의 도덕적 성품 및 교회의 공동체적 맥락을 강조하는 덕 윤리에로의 관점전환이 필요한 셈이다.

그렇다고 해서, 영미철학이 오랫동안 논의해온 '자유주의-공동체주의 논쟁'에 가담하려는 것은 아니다. 더구나 공동체주의를 일방적으로 옹호하자는 것도 아니다.

따지고 보면, 공동체주의에는 그 카운터파트인 자유주의에 대한 논의가 전제되어 있다. 더구나 자유주의는 여전히 건재하며, 사회구조에 대한 자유주의와 공동체주의의 논쟁들이 아직 결론나지 않았다는 점에서 이 부분을 기웃거릴 생각은 없다.

이들의 논의를 담 넘어 기웃거리기보다 기독교 버전을 찾는 노력이 우선이다. 이점에서, 하우어워스는 매우 중요한 공헌을 했다. 이른바 '콘스탄틴적 결탁'으로 인한 교회의 정체성 상실의 문제를 지적하고 교회의 교회됨을 본질적 과제로 복권시키며 그 핵심에 예수 내러티브와 성경의 중요성을 강조하는 제자도의 윤리 및 복음의 성품화에 주목했다는 점에 각별히 유념할 필요가 있다. 하우어워스를 중심으로 목회윤리의 공동체적 지평에 관심을 갖는 이유가 여기 있다.

이러한 맥락에서, 목회윤리의 공동체적 지평에 대한 인식에는 덕 윤리에 대한 바른 이해가 전제되어야 할 듯싶다. 특히 덕 윤리가 맥킨타이어를 비롯한 철학자들의 몫이었다는 점에서, 그것이 기독교와 어떤 연관이 있는지를 간략하게나마 살펴볼 필요가 있다. 덕의 문제를 다루는 기독교윤리학자들의 대부분은 덕 윤리가 기독교적 확신에 주목할 말큼 잘 들어맞는(well-suited) 윤리적 틀을 제공한다고 보고 있다. 덕 윤리가 기독교적 확신과 양립가능한 것이며, 도덕에 관한 기독교적 확신에 유익한 도움을 준다는 것이다.[8]

하우어워스는 기독교와 덕 윤리를 연관 짓는 가장 강력한 예라 할 수 있다. 성품의 윤리 혹은 덕 윤리는 성화의 교리에 연관될 수 있다고 생각했다.

가령, 칼뱅, 웨슬리, 조나단 에드워즈의 성화에 관한 언급을 '인격'과 '도덕성숙'이라는 개념들과 연관 지어 본다면 덕의 윤리와 밀접하게 관련될 수 있겠다. 이러한 뜻에서, 덕 윤리와 기독교적 확신은 서로를 세워주는 관계라 할 수 있겠다.[9]

물론, 덕 윤리가 자아중심적이거나 나르시스적이어서 하나님의 은혜와 양립할 수 없다는 반론, 기독교가 자기희생을 말하는 것과 덕의 윤리가 자아실현을 말하는 것은 양립될 수 없다는 반론, 심지어 기독교와 덕 윤리는 상반된 입장이라고 말하는 경우도 있다. 하나님께 대한 복종의 윤리인 동시에 가난한 자와 억압당하는 자들에 대한 기독교적 관심 및 겸손과 온유에 대한 강조 등은 덕의 윤리가 말하는 탁월함의 관심과는 반대되는 것이라는 반론이 그것이다.

그럼에도 불구하고 기독교윤리가 덕에 관심을 갖는 것은 덕 이론이 우리의 도덕적 비전을 풍요롭게 하고 확장시켜 줄 것이라는 기대와 그 가능성 때문이다.[10] 예를 들어, 도덕의 초점을 특정한 행위로부터 '배경'의 문제에로 전환시켰다는 점에서, 덕 윤리는 성품, 인격적 헌신, 공동체전통, 인간의 탁월성 구현을 위한 조건에 주목하게 했다.

특히 공동체를 강조한다는 사실에 유의할 필요가 있다. 하우어워스가 제자도, 예수 중심성, 교회의 역할 등을 언급하는 것도 이러한 배경에서 이해될 수 있겠다.

동시에 그는 기독교적으로 덕을 논하는 것이 근본적으로 다른 공동체의 다른 내러티브와는 다른 종류의 독특성을 지닌 것임을 잊지 않았다. 그가 예수 내러티브, 그 공동체로서의 교회에 대한 관심, 그리고 복음의 성품화를 통한 덕의 윤리를 강조하는 것은 바로 이러한 배경에서 이해될 수 있겠다.

✝ '교회로 교회되게' 하는 목회

공동체적 지평에 대한 인식은, 목회윤리가 '교회로 교회되게' 하는 요인이어야 함을 분명하게 보여준다. 목회와 교회는 불가분의 관계에 있으며, 교회공동체와의 연관성에서 목회윤리의 과제를 찾아야 한다는 의미이다. 목회자의 개인윤리가 중요한 것은 분명하지만, 그것만이 목회윤리의 전부인 것처럼 생각해서는 안 되는 이유가 여기 있다.

하우어워스는 오늘의 목회가 그 중심을 상실한 채, 뒤죽박죽 (hodgepodge)이 되어 버렸다고 안타까워하면서,[11] '교회의 교회됨' 을 목회의 중심에 두라고 암시한다. 그에 따르면, 목회자의 지도력 은 교회의 목적에 맞는 것일 때 그 중요성을 인정받아야 하지만, 이 제껏 목회윤리는 교회보다는 성직자에게 주목해온 것이 문제이다.

특히, 성직자 개인이 지닌 능력이나 재능에 초점을 두었던 것이 큰 문제이다. 성직자들에게 전문적인 특성과 능력도 필요하겠지만, 그들에게 가장 필요한 것은 교회의 본질적 요구에 부응할 수 있는 능력이다.[12]

여기에서, 교회의 요구에 부응한다는 것이 당회나 인사위원회와 연봉계약을 맺은 고용인처럼 행세하라는 것이 아님은 두말할 필요 도 없다. 목회자가 교회의 본질적 요구에 부응할 수 있는 능력을 지 녀야 한다는 것은 교회를 교회되게 하는 요구 즉 교회됨의 요구에 부응해야 한다는 뜻이며, 목회윤리의 핵심 역시 이와 연관된 것이 어야 한다.

이와 관련하여, 하우어워스의 관점은 목회자와 덕의 윤리를 공 동체적 지평에서 연관 짓는 중요한 통찰을 제공한다. 그에 따르 면, 목회자에게 정작 필요한 것은 목회사역을 감당할 수 있는 성품 (character)의 사람이 되는 것이다.[13] 이는 목회자 개인의 윤리에 집 중하는 현대판 도나투스주의를 넘어설 목회윤리의 교회중심성 혹 은 공동체적 지평을 강조해준 것으로 볼 수 있겠다.

하우어워스에 따르면, 교회를 먼저 논하지 않고서는 목회자들의 사역을 다룰 수 없다. 교회의 주된 목적이 무엇인지 분명해질 때에야 비로소 성직자에 대해서도 기대를 걸 수 있다.[14] 이러한 뜻에서, 하우어워스의 윤리는 공동체지향적이고 교회중심적인 특성을 강하게 드러낸다.

✝ 교회됨을 위한 목회윤리

'되어야 할 교회' 즉 예수 그리스도의 이야기에 의해 변화된 자들이 모임을 이루어가기 위해, 목회자는 과연 어떤 존재이어야 하며 그의 윤리는 무엇이어야 하는가? 무엇보다도, 목회자의 자기정체성에 대해 살펴볼 필요가 있다.

공동체적 지평에서 볼 때, 목회윤리는 목회자의 정체성을 교회라는 공동체를 위한 존재임을 깨우쳐준다. 목회자들의 책무는 본질적으로 교회를 위한 것이어야 하며, 교회로 하여금 진리의 백성이 되는 일이 어떤 의미인지를 재확인시켜주고 그렇게 살도록 이끌어주는 데 있다는 뜻이다.[15]

이러한 뜻에서, 하우어워스는 목회자에 대한 존중을 놓치지 않는다. 심지어 가족의 일원이라 해도 목사로 안수 받고 임직되면, 가족으로서보다 목회자로 존중해야 한다는 점을 암시하는 부분도 있다. 그가 이렇게 목회자를 존중하는 것은 그들의 재능과 능력 때문이 아니라, 그들에게 주어진 책무 즉 회중을 세우는 일 때문이다.[16]

말하자면, 목회자는 교회로 하여금 하나님의 사람을 세워가는 과업들을 통해 교회로 하여금 교회 자신과 세상을 해석할 수 있도록 돕는 사역을 감당하고 있는 셈이다.[17]

이와 관련하여, 목회자의 정체성을 생각하게 해주는 표현 하나를 살펴보자. 흔히, '성공적인 목회' 혹은 '목회에 성공했다'는 말을 쓰곤 한다. 과연 무엇이 목회의 성공이며, 성공적인 목회자는 과연 누구인가?

하우어워스가 여러 글을 통해 이 표현 자체를 그다지 탐탁하게 여기지 않는 것을 보면, 이 문제가 한국교회만의 현상은 아닌 듯싶은 생각이 들기도 한다. 하우어워스를 응용하자면, '성공'이라는 용어를 목회자와 목회에 적용하려면 그것은 하나님의 백성을 하나님께 인도하는 일을 기준으로 평가되어야 할 듯싶다.[18] 그것이 목회자의 공동체적 정체성이기 때문이다.

그렇다면, 이처럼 공동체적 정체성을 지닌 목회자의 윤리는 무엇이어야 하는가? 하우어워스에 따르면, 목회자들이 거짓말을 하지 않고 속이지 않고 성적으로 난잡하지 않는 것만으로는 충분하지 않다. 목회자들은 여타의 그리스도인들보다 '더 나은' 존재가 되어야 할 뿐 아니라, 스스로를 다른 이들과 구분 짓는 소명 그 자체에 개방되어 있어야 한다.[19]

하우어워스의 관점을 응용하자면, 목회자들이 기독교공동체의 공적 직임을 실행할 특정한 책임을 감당할 수 있는 성품을 지녀야 한다는 말로 바꿀 수 있겠다.

여기에서 우리는 덕의 윤리가 말하는 두 축, 즉 성품의 문제와 공동체적 지평이 서로 긴밀히 연관되어 있음을 엿볼 수 있다. 하우어워스가 말한 것처럼, 목회에 있어서 그 사역을 섬기기에 적합한 성품(character)이란 목회자가 임직을 받은 직무의 특성

(character)에 의해 결정되어야 한다.[20]

목회자 개인의 도덕성에 대한 관심만으로는 목회윤리의 본질을 제대로 파악할 수 없으며, 바른 목회윤리를 구현할 수 없다. 목회자가 안수를 받고 임직되는 것은 그 자체로 하나님과의 관계에서 조명되어야 할 거룩한 사건임에 틀림없지만, 목회자가 그 사역을 감당해야 할 공동체적 맥락으로서의 교회에 대한 관심 또한 무척이나 중요하다는 사실을 간과해서는 안 된다는 뜻이다.

이처럼 목회윤리를 교회적 맥락 혹은 공동체적 지평에서 이해하려는 시도는 목회자가 공동체적 배경을 지닌 성품의 소유자가 되어야 함을 암시해준다. 하우어워스에 따르면, 성직자의 도덕적 성품의 문제는 목회 그 자체의 특성회복 문제와 불가분의 관계에 있다.[21] 이 대목에서, 하우어워스가 생각하는 목회윤리의 공동체적 지평은 말씀과 성례전에 대한 이해와 밀접하게 연관되어 있다.

그에 따르면, 말씀이 올바로 선포되고 성례전이 제대로 베풀어지는 곳에서 성경의 권위를 제대로 인정할 줄 아는 백성이 세워진다.[22] 이러한 뜻에서, 목회자의 책무는 말씀을 선포하고 성만찬을 집례하는 것 이외의 다른 것이 아니다. 하나님을 알지 못하는 이 세상 속에서 교회가 하나님의 사람들로 구성되게 하는 것은 말씀과 성만찬을 통해서 이루어지는 것이기 때문이다.[23]

한 마디로, 매주 마다 예전을 통한 성경을 읽음으로써 그리스도인의 도덕적 정체성과 성품이 형성된다는 점에서,[24] 목회자는 이러한 공동체적 직임을 수행하는 자로서 자신의 도덕적 정체성을 찾아야 한다는 것이다. 그 각각에 대한 하우어워스의 강조점을 살펴보자.

먼저, 말씀사역의 중요성에 대한 하우어워스의 강조점은 예언자적 목회에 맞추어진다. 하우어워스가 보기에, 목회자의 책무는 공동체를 향하여 공동체의 존재근거가 되고 교회를 교회되게 하는 그 이야기를 전해주는 것이다.

이것은 목회자를 예언자로 추앙받게 하려는 취지가 아니라, 교회로 교회되게 하는 목회윤리의 핵심과제를 말해주는 것이라 하겠다. 교회공동체로 하여금 자신들이 하나님의 것으로 부르심을 받은 교회의 고유한 소명을 완수할 수 있도록 이끌어주어야 한다는 뜻이 담겨 있는 셈이다.[25]

하우어워스가 목회직의 예언자적 본질을 강조하는 것은 이스라엘 예언자를 흉내 내라는 것이 아니다. 하우어워스에 따르면, 예수 그리스도야말로 진정한 예언자이시며, 그리스도인 모두는 예수 그리스도를 본받아 예언자적 직무를 수행해야 할 책임이 있다. 하나님을 알지 못하는 이 세상에 그리스도인들이 존재하고 교회가 세워져 있다는 것이야말로 하나님께서 이 세상을 버리지 않으셨다는 표식임을 예언자적으로 증언해야 한다는 의미일 듯싶다.[26]

특별히 목회자는 말씀사역을 통해 예언자적 직무를 수행하는 자로 부르심을 받았다는 사실에 유의할 필요가 있다. 동시에, 예언자적 목회자가 된다는 것은 결코 쉽지 않은 일이라는 점 또한 유념해야 한다. 하우어워스가 굳이 예언자적 목회를 강조하는 데에는, 오늘의 교회가 처한 문화적 정황과 깊은 연관이 있다.

하우어워스가 보기에, 현대사회에서 교회도 자유주의의 강한 영향을 받아 어느덧 개별 신앙인들의 동의에 의해 그 멤버십이 결정되는 자발적인 단체의 하나로 전락하고 말았다. 더구나 구매자 시장(buyer's market)의 한 복판에 던져져 있다는 점을 생각한다면, 교회는 이러한 문화적 정황 속에서 과연 어떻게 교회다움을 이어갈 수 있을지 고민해야 한다는 문제의식이 깔려있는 셈이다.[27]

여기에는 어쩌면, 이 세상의 문화에 젖어 교회의 선택과 말씀에 대한 반응마저도 마치 마켓에서 물건 고르듯 신앙인들 개인의 몫이요, 자유주의적이고 자본주의적인 선택기준을 따라야 한다는 잘못된 생각들에 대한 하우어워스의 문화비평적 요소가 깃들어 있는 것일지도 모른다.

단적으로, 하우어워스가 예언자적 책무란 국가를 우상화하는 시도를 거스르는 것 이외의 다른 것이 아니라고 말한 것은,[28] 현대사회에서의 교회됨을 위한 그의 고민이 담겨 있는 표현일 수 있다. 교회마저도 자유주의에 물들고 세상권력과 결탁하여 복음적 정체성을 상실한 콘스탄틴적 결탁에 휘둘리는 상황에 대한 준엄한 문제제기가 담겨 있는 셈이다.

특히, 현대문화 속에서 말씀사역을 감당하는 목회자의 예언자적 정체성은 예수 내러티브에 충실한 설교와 복음에 합당한 목회를 통해 구현되어야 할 중요한 가치이다.

굳이 예언자인 듯 기이한 행적과 독설적인 설교를 일삼아야 한다는 뜻은 아니다. 복음에 충실한 말씀사역이 절실하다. 그것이야말로 교회로 교회되게 하는 사명이며, 목회윤리가 목회자 개인의 도덕성 문제 그 이상의 가치에 주목하게 하는 요소이다. 목회자의 바른 말씀사역은 교회로 하여금 복음에 충실한 공동체가 되도록 이끌어 주는 목회자의 도덕적 과제에 해당하는 것이기 때문이다.

하우어워스의 강조점은 성례전에 대한 관점에서도 드러난다. 그에 따르면, 목회의 성례전적 특성과 목회자의 도덕적 성품 사이에 중요한 연관성이 있다.[29]

이와 관련하여 하우어워스는 특히 성만찬(eucharist)을 중요시한다. 목회자가 성만찬의 집례자가 된다는 것 자체가 중요하다. 이것은 가톨릭적 관념을 반영한 것이라기보다 하우어워스 나름의 교회 이해에서 비롯된 것으로서, 그는 성만찬이야말로 교회로 교회되게 하는 예식이라고 본다.[30]

하우어워스에 따르면, 목회는 교회로 하여금 이 세상에서 하나님의 현존을 증거하는 증인이 되게 하는 사명이라 할 수 있으며, 세례와 성만찬 그리고 성도들을 바로세우는 일은 가장 대표적인 직무들이라 할 수 있다.[31] 성만찬을 비롯한 예전들이 목회의 공동체적 정체성에 결정적인 요소가 된다는 의미이다.

이와 관련하여, 하우어워스는 사무엘이 다윗을 왕으로 세웠던 예를 들어 안수와 임직을 통해 세워지는 목회자의 정체성과 직무를 비유적으로 설명한다.

하우어워스에 따르면, 목회자로 임직되고 안수를 받는 것은 정치지도자로 안수를 받아 임직된 것이 아니라 그리스도의 제사장으로 안수를 받아 임직된 것으로서, 목회자의 리더십은 제사장의 직임에 의해 드러난다.[32] 말하자면, 목회자는 성만찬을 통해 교회를 향하여 그리스도의 대제사장되심의 은혜를 드러내는 직임을 수행하며, 이를 통해 우리는 성만찬의 공동체(an eucharistic community)로서 하나님의 임재를 경험하게 된다는 것이다.[33]

물론, 성례전에 대한 하우어워스의 관심은 목회윤리에만 국한되는 것은 아니다. 교회의 윤리를 말할 때도 예배공동체의 성례전은 교회다움의 중요한 표식으로 인식되고 있다.

이것은 교회를 덕성함양의 공동체 혹은 덕의 학교로 보는 관점과 연관이 있다.[34] 교회는 예수 이야기를 통해 그리스도인들로 하여금 복음을 성품화시키는 훈련장으로서, 예배를 통해 예수 이야기를 듣고 전수하며 성례전을 통해 그리스도를 기억하는 과정을 통해 그리스도인다운 덕성을 함양하게 된다는 생각이 담겨 있는 셈이다.

그의 이러한 관점은 아우구스티누스의 통찰에서 비롯되었다. 하나님의 도성을 향한 순례자 공동체로서의 교회가 예배를 통해 하나님을 영화롭게 한다는 통찰이 그것이다. 아우구스티누스가 교회란 하나님을 예배하기 위해 부르심을 받은 자들의 모임으로 인식하고 예배를 통해 신실함의 공동체가 된다고 보았던 것이 하우어워스의 공동체와 덕 윤리에서 핵심적인 도덕적 가치로 수용되고 있는 셈이다.[35]

하우어워스의 교회에 대한 성찰에서, 교회의 윤리와 교회의 예배가 분리될 수 없다고 말하는 이유가 여기 있다. 하우어워스에 따르면, 그리스도인으로서 우리의 예배는 우리의 도덕적 정체성을 일깨워준다. 예배를 통해 우리 자신이 하나님 이야기에 뿌리박고 접맥된 존재임을 발견하게 되기 때문이다.

더구나, 우리가 죄인이라는 사실을 인정하는 것 역시 예배를 통해서이다.[36] 하우어워스가 하나님께 대한 예배에 필수적인 제자도를 배워야 함을 강조한 것 역시 이러한 배경에서이다.

이렇게 본다면, 말씀사역과 성만찬을 통한 목회의 공동체적 사명을 바르게 완수하는 것이야말로, 목회윤리의 핵심인 셈이다. 그것은 교회로 교회되게 하는 가장 중요한 요인이자 목회윤리의 공동체적 지평에서 가장 중요한 과제일 듯싶다.

이를 위해 유념해야 할 것이 있다. 이러한 공동체적 지평에서 요구되는, 성품의 목회자가 되는 것은 우리들이 성품의 사람인 경우에만 가능하다는 점이다.[37] 이것은 목회윤리에 목회자 개인의 도덕적 성숙과 책임을 강조하는 것 이상의 또 다른 요소가 고려되어야 함을 일깨워준다. 하우어워스의 목회윤리가 기존의 논의들과 차별화되는 부분이 바로 여기이다. 동시에 목회윤리의 성숙을 위해 새롭게 성찰해야 할 대목이기도 하다.

하우어워스가 말하는 공동체라는 것이 과연 경험상으로도 바람직한 것일까? 예를 들어, 한국교회의 공동체 경험이라는 것 자체가 모범적이거나 윤리적인 경우보다는 아픔을 주는 사례가 많아 보인다는 점은 소홀히 여길 수 없는 부분이다.

전설처럼 떠도는 교회 주변의 아프고 황당한 이야기들은 과연 신빙성이 있는 것일지 의심이 들 정도이다. 과연 공동체를 목회윤리의 도덕적 맥락으로 상정하려는 시도가 어느 정도나 의미가 있을지 확신할 수 없는 경우도 있다.

하우어워스의 한계에 대한 비판적 성찰에서 바로 이 문제를 간과해서는 안 될 듯싶다. 하우어워스가 말하는 공동체적 맥락에 대한 이해가 무의미하다는 뜻은 아니다. 목회자의 책임 혹은 목회자 개인의 도덕성만을 목회윤리의 전부인 것처럼 다루는 기존의 관점과는 다른 접근을 제안한 것 자체는 의미가 있어 보인다.

다만, 목회윤리의 공동체적 지평에 관한 한국적 읽기에서 복음적 고민이 깊어져야 함을 지적하고 싶을 뿐이다. 이와 관련하여 덧붙이고 싶은 것은, 목회윤리의 공동체적 맥락을 다룰 때 한국교회의 자리 즉 유교적 혹은 아시아적 배경에 대한 관심과 논의가 필요하다는 점이다. 이 역시 간단한 논의일 수 없겠지만, 아시아적 공동체 사상이 한국교회에 미친 영향을 간과해서는 안 된다는 점에서, 별도의 대화와 논의가 필요하리라 본다.

공동체적 지평으로부터 덕성 혹은 성품의 목회를 성찰하는 것은 바람직한 목회윤리의 정립에서 주목해야 할 대목임에 틀림없다. 어찌 보면, 바른 목회윤리의 정립을 위한 도전이자 제안이라 할 수 있겠다.

목회윤리란 안수와 임직의 순간에 '충만하게 덧입혀지는 것'이라기보다, 목회사역의 모든 과정을 통해 꾸준히 훈련되고 함양되어 성품화 되어야 할 윤리적 과제이자 이상임을 일깨워주는 것이기 때문이다. 목회자와 신앙인 모두가 목회의 공동체적 지평을 바르게 인식해야 한다는 점을 강조하는 이유가 여기 있다.

교회다움이 절실한 때, 목회윤리는 과연 무엇이어야 하며 어느 수준까지 올라야 하는 것일까? 목회자 개인의 윤리의식과 책임이 중요하다는 것은 두말할 필요도 없다. 하지만, 개인의 도덕성이 남들보다 조금 더 나은 수준에 그치는 것만으로 목회윤리의 모든 것이 구비되었다고 말할 수는 없다.

물론, 그 수준에 오르는 것 자체가 힘겨워 보이는 현상들이 여전한 것이 문제이기는 하다. 그럼에도 불구하고, 목회윤리의 또 다른 측면 즉 공동체적 지평을 간과해서는 안 된다는 점 또한 분명해 보인다. 하우어워스의 윤리에 대한 비판들에도 불구하고 그의 목회윤리에 주목하는 이유가 여기 있다.

무엇보다도, 바람직한 목회윤리의 구현을 위해 공동체적 지평을 인식하고 교회공동체에 필요한 목회의 특성(character)과 목회자의 성품(character) 사이의 상호연관성에 주목해야 한다.

하우어워스의 취지를 수용하여, 목회윤리가 교회로 교회되게 하는 요인이어야 하며, 예언자적 말씀의 선포와 성만찬의 집례를 통해 교회가 시류에 영합하기보다 교회다움을 구현할 수 있도록 이끌어주는 목회윤리를 세워야 한다. 공동체를 섬기는 자로서의 도덕적 정체성을 인식해야 한다는 사실 또한 중요하다.

1. 하우어워스에게서 기존의 주제들 이외에 목회윤리에 대한 새로운 관심이 발견되는 것 자체는 무척이나 흥미로운 일이다. 그렇다고 해서, 이 글이 숱한 비판을 받아온 하우어워스의 윤리를 무비판적으로 수용하거나 새삼스럽게 소개하려는 것이 아님을 분명하게 말해두고 싶다. 더욱이, 필자가 마치 그의 대변인이라도 되는 듯 하우어워스를 향한 여러 비판들을 일일이 대응하여 그를 옹호해줄만한 실력을 갖고 있지 못함도 솔직히 밝혀두고 싶다. 그럼에도 불구하고, 하우어워스를 재론하는 것은 교회다움이 절실한 한국교회를 위한 윤리적 성찰의 단초를 마련하고자 하는 마음에서이다.

2. Joe E. Trull & James E. Carter, *Ministerial Ethics : Being a good minister in a not-so-good world* (Nashville, TN : Broadman & Holman Publishers, 1993), intro. 5.

3. Stanley Hauerwas, *Christian Existence Today* (Grand Rapids, MI : Brazo Press, 2001), 133.

4. 하우어워스에 따르면, 성직자와 평신도 사이에는 도덕성에 특별한
    차이가 있으리라 생각하지 않는 것이 낫다. 현실적으로, 목회자도
    결혼생활에 실패할 수 있고 남들보다 성격이 더 나쁠 수 있다. 하지
    만, 이것 때문에 목회사역을 감당할 자격이 없다고 단정 지어서는
    안 된다는 것이 하우어워스의 관점이다. 그러나 이 부분을 목회자
    의 도덕적 일탈을 가볍게 여기거나 면죄부를 주려는 취지로 곡해
    해는 곤란하다. 하우어워스가 말하고자 하는 것은 '관점전환' 혹은
    '지평의 확대'라는 점을 유의해야 할 것이다.

5. 같은 책, 134.

6. 대표적인 경우로, 이중삼, 「한국교회의 목회자에 대한 기독교윤리
    학적 연구: J. Edwards의 덕 윤리론을 중심으로」(2008학년도 장로회신
    학대학교 박사학위 논문)을 참고할 것.

7. 의료윤리에서는 의사-환자의 관계를 기술자 모델, 성직자 모델, 협조
    자 모델, 계약자 모델 등으로 분류하기도 한다. www.medicatenews.
    com/Users/News/copNewsView.html?Section=4&ID=1300;을 참고
    할 것.

8. Joseph J. Kotva, Jr., *The Christian Case for Virtue Ethics*
    (Washington, D.C. : Georgetown University Press, 1996), 2.

9. 같은 책, 174.

10. 같은 책, 172.

11. Stanley Hauerwas, *Christian Existence Today*, 136.

12. Stanley Hauerwas and William H. Willimon, *Resident Aliens*, 김기
    철 역, 『하나님의 나그네 된 백성』(복있는 사람, 2008), 173.

13. Stanley Hauerwas, *Christian Existence Today*, 135.

14. Stanley Hauerwas and William H. Willimon, 『하나님의 나그네 된
    백성』, 195.

15.　같은 책, 244.

16.　같은 책, 174.

17.　Stanley Hauerwas, *Christian Existence Today,* 162,

18.　Stanley Hauerwas and William H. Willimon, 『하나님의 나그네 된 백성』(복있는 사람, 2008), 215-216.

19.　Stanley Hauerwas, *Christian Existence Today,* 142.

20.　같은 책, 135.

21.　같은 책, 136.

22.　Stanley Hauerwas and William H. Willimon, 『하나님의 나그네 된 백성』, 196.

23.　Stanley Hauerwas, *Christian Existence Today,* 161.

24.　Joseph J. Kotva, Jr., *The Christian Case for Virtue Ethics,* 173.

25.　Stanley Hauerwas, *Christian Existence Today,* 161.

26.　같은 책, 158.

27.　같은 책, 150.

28.　같은 책, 161.

29.　같은 책, 135.

30.　같은 책, 136.

31.　같은 책, 135.

32.　Stanley Hauerwas, *A Cross-Shattered Church* (Grand Rapids, MI : Brazos Press, 2009), 132.

33.　같은 책, 133.

34.　이 부분은, Stanley Hauerwas, 『교회됨』, 168-74을 참고할 것.

35.　Stanley Hauerwas, *After Christendom?* (Nashville, TN : Abingdon Press, 1999), 43.

36.　같은 책, 108.

37.　Stanley Hauerwas, *Christian Existence Today,* 144.

Part III

9. 교회됨, 그 자체로 사회윤리

✝ 소종파적 유혹, 자폐적 교회관?

'교회윤리'라는 별명을 가진 하우어워스의 윤리는 그 자신의 요약처럼, 몇 가지 강조점을 지닌다.[51] ① 그리스도인의 삶에 있어서 덕성의 중요성과 그 회복의 강조, ② 예수 내러티브(복음)를 통한 윤리의 설명 및 강조, ③ 복음에 충실한 덕성의 사람을 형성시키는 교회 공동체의 중요성에 대한 강조, ④ 현실정치참여보다 교회다운 교회가 되어 시민사회의 본이 되어야 한다는 관점, 그리고 ⑤ 십자가 정신에 대한 강조 및 비폭력 평화의 중요성에 대한 강조이다.

이러한 하우어워스에 대한 비판 중에서 거스타프슨(James Gustafson)과 스택하우스 등이 제기한 '소종파적 퇴거'(sectarian withdrawal)의 위험성은 가장 치명적인 비판일 듯싶다.

시민사회와의 소통을 추구하기보다는 단절 혹은 퇴거를 조장하는 특성을 지닌 일종의 부족주의(tribalism)라는 것이다. 혹은 교회됨 그 자체를 강조하는 하우어워스의 관점을 두고 '자폐적 교회관'이라고 혹평하는 경우도 있다.

하지만, 하우어워스가 교회에게 세상으로부터 도피하라고 말하고 싶었던 것은 아니다. 세상을 거부하라거나 세상으로부터 물러나라는 것도 아니다. 교회가 세상을 섬기되 그 자신의 방식으로 섬겨야 한다는 뜻이다.[1] 하우어워스는 자신에게 쏟아지는 비판에 당당하다. 심지어, 거스타프슨의 주장 이면에 계몽주의적 기획이 숨겨져 있는 것 아닌지 의구심을 제기하기도 한다.[2]

하우어워스에 따르면, 교회는 오히려 세상이야말로 분열된 모습을 보이고 있으며 부족중심적인 모습을 드러내는 곳이라는 점을 일깨워주는 공동체이어야 한다.[3]

이러한 뜻에서, 하우어워스는 자신의 윤리가 세상에 대한 거부 혹은 퇴거의 윤리가 아니라, 그리스도인의 방식으로 세상을 섬기려는 윤리로 보아야 한다는 것이다.[4] 세상을 거부하라는 뜻이 아니다. 세상으로부터 물러나라는 것도 아니다. 오히려 교회가 세상을 섬기되 그 자신의 방식으로 섬겨야 한다는 뜻이다.[5]

과연, 한국교회는 '교회의 방식'으로 세상을 섬기고 있는가? 한국의 맥락에서는 소종파 논란보다 더 시급한 것은 시민사회와 교회와의 관계설정 자체가 문제일 듯싶다.

예를 들어, 교회를 '시민화'하려는 전략이 그렇다. 교회의 윤리적 갱신을 명분으로 시민의 이름을 빌어 매스컴을 동원하는 시도들은 어떤 의미가 있는 것일까? 선정성과 경쟁을 기반으로 하는 매스컴이 과연 교회의 교회됨을 복음적으로 담보해 줄 수 있을까? 시민적 잣대로 교회직제 및 십일조 관행 등을 문제 삼기보다 오히려 복음의 성품화를 위한 덕의 학교가 되고 덕의 공동체가 되는 일에 더 큰 관심을 가져야 하는 것 아닐까? 또한 현실정치와 결탁하기 쉬운 교회의 정치적 행보들 역시 복음의 기준에 비추어 깊은 성찰의 대상이 되어야 마땅하다.

하우어워스는 자신의 관점이 소종파적인 것이 아니라는 일관된 반응을 보인다. 자신의 항변에도 불구하고 끊임없이 쏟아지는 비판에 대해 하우어워스는 아주 대담하게, 이렇게 말하기도 한다.

세상과 교회는 결코 같은 것일 수 없다. 만일 이것을 '퇴거'라고 비판한다면, 나는 조금도 개의치 않겠다. 세상은 교회일 수 없다.[6]

말하자면, 자신의 주장에 대한 오해라고 하는 항변인 셈이다. 그에 따르면, 교회됨이란 세상으로부터 물러나라는 것이 아니다. 오히려 교회가 세상을 섬기되 그 자신의 방식으로 섬겨야 한다는 것 즉 교회는 교회자체의 방식에 충실해져야 한다는 뜻이다.

교회가 현실정치의 도전에 응답해야할 방식은 교회 그 자체가 되는 것이다. 이것은 세상을 거부하라는 뜻이 아니다. 세상으로부터 물러나라는 것도 아니다. 오히려 교회가 세상을 섬기되 그 자신의 방식으로 섬겨야 한다는 뜻이다.[7]

하우어워스의 관점을 소종파 논란을 외면하는 외골수라고 몰아세우거나 평가절하하는 것은 공정하지 못하다. 예를 들어, 퍼거슨(David Fergusson)은 하우어워스에 대한 균형 잡힌 이해가 필요하다고 제안한다. 퍼거슨에 따르면, 소종파로 분류되는 교회들과 달리, 하우어워스의 교회관에는 독특한 기독교 공동체의 구현을 통해 시민사회에 더 큰 영향력을 발휘할 수 있다는 생각이 담겨있다.[8]

물론, 퍼거슨이 하우어워스를 전적으로 동의한 것은 아니다. 퍼거슨은 바르트 신학을 근거로 하우어워스의 윤리에 성령론적 보완이 필요하다고 주장하며, 공동체주의자들의 자유주의에 대한 태도에 문제가 있다는 주장도 내놓았다. 자유주의가 태동된 배경에 보편성 추구를 통해 민족과 문화들의 갈등을 해소하려는 의도가 있었음을 간과해서는 안 된다는 것이다.

사실, 이 문제는 신학적 찬반논변의 주제라기보다 이론과 관점 상의 호불호(好不好)의 문제 내지는 선택의 문제가 될 공산이 크다. 오히려 문제 삼아야 할 부분은 한국적 맥락에서 공동체 경험이 긍정적인 것만은 아니라는 점일 듯싶다. '교회를 사랑할 수 없게 하는 이야기들'과 개인의 공동체경험에서의 상처들은 물론이고, 시민사회의 지탄을 받을 정도로 한국의 교회는 안타까운 이야기들로 몸살을 앓고 있다.

심지어 일부에서 두툼한 분량으로 교회의 문제들을 고발하는 사례집을 몇 권씩이나 출판해낼 정도로, 교회 안에서 발생하는 안타까운 일들은 무척이나 다양하다. 교회가 과연 예수 내러티브에 충실한 은혜공동체이자 성품의 공동체 즉 덕의 학교가 되고 있는지 진솔하게 되돌아보아야 할 시점이다.

교회됨, 그 자체로 사회윤리

시민사회를 사는 그리스도인에게 요구되는 '기독교사회윤리'의 과제는 무엇인가? 소통인가? 정체성인가? 다른 말로 하자면, 시민사회에 적극적인 참여와 정책대안의 제시를 통해 사회를 변혁시켜야 하는가? 혹은 교회의 본질적 정체성을 구현하고 그리스도인다운 모습을 보여줌으로써 시민사회의 본이 되어야 하는가? 쉽지 않은 질문임에 틀림없다.

이 질문들은 변형될 필요가 있다. 과연 이 질문들을 굳이 양자택일의 문제로 몰아가야 하는 것일까? 우리의 도식적 고정관념에서 비롯된 오해는 아닐까? 각각의 강조점의 차이이거나 동전의 양면에 해당하는 것일 뿐, 결국 기독교사회윤리 그 자체는 하나가 아닐까?

'하나됨'을 강조하려는 뜻은 아니다. 시민사회에 있어서 기독교사회윤리의 자기정체성과 실천적 과제를 고민하는 두 관점들을 대립적이거나 배타적인 것으로 몰아갈 것이 아니라, 기독교사회윤리의 성숙 내지는 새로운 아젠더의 추구로 인식하는 노력이 필요하다.

라인홀드 니버의 '개인윤리'와 '사회윤리'의 구분은 그 자체로 탁월하다. 개인과 개인의 관계에서는 아가페적 양보와 타협이 가능할 수 있으나, 집단과 집단의 갈등에는 집단이기주의(collective egoism)의 작용으로 인해 정의의 실현을 통한 아가페에의 근사적 접근이 필요하다는 문장으로 요약할 수 있는 그의 관점은 개인윤리와 사회윤리의 구분을 가장 잘 보여준다.

'사회구조', '정치체계' 및 '시스템'의 문제를 윤리의 중요한 관심사로 편입시킨 것 또한 그의 공로이다. 윤리에 있어서의 '정치적 방법', '권력정책' 역시 니버의 탁견에 속한다.[9] 이른바 '기독교현실주의'(Christian Realism)로 대변되는 그의 관점은 기독교윤리에서만 아니라, 도덕철학에서도 주목을 받았으며,[10] 중고등학교 교과서에 '니부어'라는 표기법으로 등장한 그의 사상은 사회윤리학의 정신을 상징적으로 대변해준다.

군이 계보라는 용어까지 쓸 필요는 없다 해도, 니버의 관점은 현대기독교윤리학에 있어서, 스택하우스로 이어지는 공공신학의 형태로 재론되기도 한다.[11]

특히, 마틴 마티가 이름 붙였다고 알려진 공공신학이 시민사회에서 교회의 책무를 사회참여와 정책대안의 제시 등을 통한 공공성의 모색으로 규정하려는 것이었다는 점에서, 공공신학은 교회 안에서의 윤리를 넘어서 세계(세상) 혹은 사회를 향한 적극적 행보를 대변해준다.

물론, 교회와 사회의 관계설정에 다양한 이론이 고려되어야 하겠지만, 영미계열의 신학이든 혹은 대륙의 신학이든 간에 교회와 사회를 구분하고 교회가 사회에 적극적으로 참여하고 관여하며 정책을 제시해야 한다는 생각이 대부분일 듯싶다. 사회를 교회와 이질적인 영역으로 간주하는 입장이든 혹은 사회 역시 하나님의 통치영역이라고 보는 관점이든 간에, 마찬가지이다.

교회는 고백신앙에 묶여있어서는 안 되며, 사회를 향하여 기독교적 통찰을 제시하거나 혹은 기독교적 정책을 제안하고 적용함으로써 사회를 개선하고 사회정의를 구현하며 사회를 변혁하는 역할에 최선을 다해야 한다는 생각이 공유되고 있는 것 아닐까 싶다.

이러한 맥락에서, 니버의 관점은 무척이나 사회지향적이다. 어쩌면 대표적인 경우에 해당할 수 있다. 니버의 사회윤리는 미국사회의 정치현실에 대한 인식과 참여 및 정책의 제시 등 기독교적 가치관의 사회적 구현을 위한 노력으로 기억될 수 있겠다.

가령, 니버는 라우센부쉬(W. Rauschenbusch)의 사회복음주의를 강화시켜 더욱 구체적이면서도 실현가능한 사회윤리를 제시하려는 의도에서, 미국의 사회와 정치시스템에 정의를 구현하기 위해 그리스도인들이 권력의 문제에 관심을 가져야 한다고 보았다.[12]

누군가 말했듯이, 그의 윤리는 말 그대로, 미국적 신학(American Theology)일지 모른다. 미국 및 국제관계라는 정치현실에 깊은 관심을 가지고 사회를 선하게 만들고자 할 뿐 아니라, 국제질서의 정의를 추구한다는 점에서, 사회참여에 대한 관심을 담아 '기독교현실주의'의 진면목을 보여준 셈이다.

이러한 니버의 탁견은 한 시대를 풍미했을 뿐 아니라, 오늘의 기독교사회윤리에 여전히 유효한 틀로 남아있다. 기독교가 세상을 향해 무엇을 해야 하고 어떤 관심을 가져야 하는지를 보여주는 가이드로서 그 역할은 매우 크다.

더구나 오늘의 시민사회에서 기독교가 지녀야 할 사회윤리의 비전과 실천해야 할 윤리적 관심사들을 되돌아보게 한다는 점에서, 니버를 주축으로 하는 기독교사회윤리는 여전히 적실성을 유지할 뿐 아니라, 퇴색하지 않는 윤리적 전승으로 자리 잡고 있다.

어쨌든, 니버가 요구하는 '사회윤리'는 '기독교'의 이름으로 현실 사회에 방향을 제시해준 참여적 성격을 지닌 것은 분명하다. 다른 말로 하자면, 니버의 윤리는 교회 그 자체에 대한 관심보다 사회문제와 현실에 관심을 집중한 셈이다.

여기에서 주목하려는 것은 니버에 대한 재평가가 아니다. '기독교'의 사회윤리 혹은 '기독교'의 이름으로 제시하는 사회윤리에 대한 시민사회의 반응에 적지 않은 변화가 감지되고 있다는 점, 바로 그것이다. 특히 시민적 성숙이 무르익어가는 한국사회에서, '너나 잘 하세요' 식으로 교회가 시민사회로부터 외면당하는 모습들을 어렵지 않게 찾아볼 수 있다.

과연 '기독교'의 이름으로 제시하는 사회윤리가 시민사회에 얼마나 의미 있는 것으로 다가설 수 있을지 의구심이 드는 경우가 적지 않다. 물론, 절망적인 것은 아니다. 여전히 '기독교'의 이름으로 시민사회에 참여하는 움직임이 있다는 점에서, '소통'을 위한 대안 모색에 힘쓰는 기독지식인들이 왕성하게 활동하고 있다는 점에서, '기독교'의 사회윤리를 향한 한국적 비전은 여전히 유효하다.

문제는, 시민사회를 향해 교회가 여전히 의미 있는 것이 되려는 노력이 절실해진 '한국적 현실'과 그 원인으로서의 '교회의 안타까운 모습'에 있다. '기독교'의 사회윤리를 말하는 것 못지않게, 기독교적 현실참여에 걸맞는 윤리적 성숙이 교회 안에 요구되고 있다는 점, 여기에 주목할 필요가 있다는 뜻이다.

하우어워스의 관점이 한국적 맥락에 꼭 들어맞는다는 뜻도 아니고, 한국교회를 염두에 두고 제안한 것도 아니겠지만, 하우어워스의 문제의식은 무척이나 의미가 있어 보인다. 특히 '교회의 교회됨'에 주목한다는 점에서, 시민사회와 불편한 관계를 해소하고 소통을 추구해야 하는 한국교회를 향해 주는 의미가 크다.

무엇보다도, 기독교의 이름으로 사회정의를 위한 정책을 제안하려는 기독교사회윤리의 개념 혹은 문제의식에 던진 그의 도전장에 유의할 필요가 있다. 기독교사회윤리의 본질에 대한 관습적 생각에 던진 그의 도전장은 어찌 보면, 사회윤리의 개혁을 요구한 것이라고도 할 수 있을 듯싶다.[13]

사회윤리의 관점에서 하우어워스의 관점에 굳이 이름을 붙이자면, '교회됨의 사회윤리'라 부를 수 있을 듯싶다. 니버의 관점이 기독교의 이름으로 사회정책을 제시하고 사회정의를 비롯한 사회적 관심사들에 직접 참여하여 사회를 선한 곳으로 만들고자 하는 노력이었다면, 하우어워스의 관점은 방향전환의 요청이다.

하우어워스에 따르면, 기독교사회윤리는 교회의 교회됨에서 출발해야 한다. 이제까지 세속정치에 참여하려던 그리스도인의 열정은 교회가 지닌 더 심오한 정치적 책무를 망각하게 했다는 것이다.[14] '기독교'의 이름으로 사회정책을 제시하고 사회를 선하게 만들고자 노력하는 와중에 교회의 교회됨을 소홀히 하게 되었다는 문제의식인 셈이다. 무엇보다도, 기독교사회윤리는 사회정의를 위한 전략계발에 몰두해서는 안 된다는 그의 주장은 분명한 방향전환의 요구라 할 수 있겠다.[15]

많은 경우에, '사회윤리'란 자원의 정의로운 분배를 위한 정책과 전략 혹은 그 정책들의 바탕이 되는 사회정의론에 관심을 기울여야 한다고들 생각한다. 하지만, 하우어워스가 보기에 교회가 사회질서에서 정의를 구현한다는 명분으로 채택한 사회전략은 문제를 더 복잡하게 만들 뿐이다.[16]

그에 따르면, 교회와 세상의 관계는 사회분석이라는 지난한 작업으로 충족될 수 있는 것도 아니며 특정한 사회에 정의를 구현하는 것으로 대체될 수 없다. 철학적 과학적 도구들이 사회분석 작업에 유익을 줄 수는 있겠지만 교회가 놓치지 말아야 할 것이 있다. 이러한 도구들이 곧 교회의 사회윤리가 되는 것은 아니라는 점 말이다.[17] 하우어워스가 보기에,

사회시스템이 주는 자유가 곧 하나님이 주시는 자유인 것은 아니며
사회정의가 하나님의 백성이 되어 누리는 정의와 같은 것도 아니다.
우리의 책무는 국가의 교회화가 아니다. 오히려 국가는 국가일 뿐임
을 일깨워 주어야 한다.[18]

그렇다면, 하우어워스가 제시하는 대안은 무엇이며 방향전환의 목적지는 어디인가? 그의 대답은 '교회'에 있다. 좀 더 정확하게 말하자면, '교회의 교회됨'에 있다. 교회의 으뜸가는 책무는 교회 그 자체가 되는 것(the first task of the church is to be itself)이다.[19]

하우어워스에 따르면, 교회가 존재하는 목적은 국가에 협조하는 기관이 되거나 혹은 도움을 주는 전문가가 되는 것이 아니다. 교회는 그 자체로 존재이유를 가진다.[20] 교회의 으뜸가는 책무는 정부의

합법성에 관한 이론을 제공하는 것이 아니다. 사회개선의 전략을 제안하는 것도 아니다. 하우어워스에 따르면,

> 그리스도인은 그들의 으뜸가는 책무가 세상을 좀 더 선하고 좀 더 정의로운 곳이 되게 하는 것이 아니라, 세상이란 무엇인지 인식하는 것이며 이것이 왜 그들의 정치적 책무가 되어야 하는지 그 이유를 인식해야 한다. 교회의 일차적인 사회적 책무는 사회의 가능성과 한계를 인식할 수 있는 해석 및 식별기술의 시간과 공간을 제공하는 것이다. 교회와 그리스도인은 현실정치에 참여해서는 안 되며, 교회의 정치에 참여해야 한다.[21]

이러한 뜻에서, 하우어워스는 교회에 별도의 사회윤리가 필요한 것이 아니라고 한다. 교회가 곧 사회윤리이어야 한다. 교회는 세상을 향한 사회전략을 말하는 모임이 아니라, 교회 자체가 사회전략이다.[22] '교회됨'이야말로 기독교사회윤리의 핵심과제라는 주장인 듯싶다. 교회의 책무는 사회문제에 정책을 제시하고 협력자가 되어 현실정치의 윤활유 역할을 하는 것이 아니라, 교회다움을 보여주는 것이기 때문이다.

무척이나 매력 있고 시대적 당위를 말해주는 이 대목에서 하우어워스의 관점을 바르게 이해하기 위해 짚고 넘어가야 할 것이 있다. 하우어워스의 사회윤리 개념이다. 그는 개인윤리와 사회윤리의 구분을 그리 탐탁하지 않게 여긴다. 이 구분을 몰랐다는 뜻이 아니다. 그가 본래 거스타프슨(J. Gustafson)의 지도를 받았다는 점에 비추어

볼 때, 이러한 구분법을 몰랐을 리 없다.[23]

하우어워스는 개인윤리와 사회윤리 또는 공적 도덕과 사적 도덕의 구분법을 의문시한다. 그가 보기에, 이러한 구분은 단지 이론상의 개념일 뿐이다.[24]

더구나, 개인윤리와 사회윤리의 관계, 공동체와의 관계에서 개인이 지니는 의의와 지위, 자유와 평등의 대립, 사랑과 정의의 상호관계 등은 사회윤리의 결정적 카테고리가 아니라는 생각이다.[25] 하지만, 하우어워스는 제도적 접근의 중요성을 간과하지 않는다. 그는 자신의 이론적 배경인 공동체주의와의 연관성을 암시해주는 대목에서, 이렇게 말한다.

> 공동체라는 용어는 소그룹 즉 긴밀히 결합된 집단과 연관된다는 점에서 매우 큰 오해의 소지가 있다. 하지만 공동체에 권위가 필요하다는 것은 공동체를 개별 인격체들의 소그룹으로 설명하기보다는 제도의 관점에서 접근해야 한다는 점을 일깨워준다.[26]

말하자면, 하우어워스는 사회윤리에 대한 전면적인 거부 혹은 사회윤리 무용론을 말한 것이 아니라, 사회문제들에 관한 독특한 관점을 제안한 것이라 할 수 있겠다. 사회정의를 비롯한 윤리적 이슈들을 거부하거나 혹은 이른바 개인윤리의 관점으로 사회문제에 접근하고 있는 것이 아니라, '교회'라는 공동체를 배경으로 삼아야 한다는 뜻이다. 하우어워스는 이렇게 주장한다.

분명히 말하지만, 내 의도는 이러한 이슈들 자체를 거부하려는 것이 아니다. 문제는 그 이슈들이 사회윤리의 근본문제로 상정되는 와중에 교회에 대한 관심이 간과되기 쉽다는 점이다. 그리스도인에게서 그 어떤 사회정의론도 교회 안팎에서 다른 사람들을 돌보고 대하는 방식과 관련하여 기독교적 확신이 어떤 의의를 지니고 있는가 하는 문제를 대체할 수는 없다. 대다수의 기독교사회윤리학자들은 교회의 존재의의를 말할 때 사회정의 및 사회변혁이라는 '현실적' 이슈와는 별 상관이 없는 공동체라고 생각하는 듯싶다. 내가 보기에, 교회야말로 신실한 정치공동체이며 그리스도인들의 으뜸가는 사회적 책무는 이 세상에서 하나님의 진리를 증언하는 증인이 될 만한 덕스러운 사람을 육성하는 공동체가 되는 것, 바로 그것이다. 말하자면, 사회이론과 전략을 발전시키는 것은 교회의 책무가 아니다. 교회의 책무는 신실한 공동체가 되기 위해 필요한 성품의 공동체를 세워가는 것이다. 이것이야말로 우리가 국가이라고 부르는 정치체체에 독창적으로 기여할 수 있는 책무이다.[27]

이처럼, 하우어워스가 제도와 사회적 이슈들 자체를 거부하지 않는다는 점에서, 그의 윤리를 개인윤리적인 것이라고 몰아세우는 성급함을 보일 필요는 없다. 오히려, 관점의 전환 혹은 중심의 이동이라고 평가하는 것이 타당할 듯싶다. 혹은 직접적인 사회정책의 제시에서 교회의 교회됨을 향한 관심으로의 관점전환이 그 핵심에 있는 셈이다.

다른 말로 하자면, 그의 도전장은 사회윤리 자체의 거부가 아니

라, 사회윤리의 내용 혹은 관점의 전환을 통해 기독교와 자유민주
주의적 사회시스템이 어떻게든 연관되어 있다는 현대기독교사회윤
리학의 지배적인 관점에 도전한 것이라 하겠다.[28]

하우어워스에 따르면, 교회가 사회정의를 위한 소명을 가지고
있다는 생각은 너무도 자주 복음의 이름으로 자유에 관한 자유주
의적 전제들을 아무 성찰도 없이 강화시켜 주곤 한다. 오히려, 너
무도 익숙하게 젖어있는 이러한 관념들을 비판적으로 재고함으로
써, 교회는 전혀 새로운 사회적 관계의 패러다임을 제시해야 한다
는 것이다.[29]

말하자면, 사회윤리의 중심축을 옮겨놓은 것이다. 그가 굳이 개인
윤리와 사회윤리를 구분하지 않으려 하면서 부득이하게 사용하는
사회윤리의 개념에 바로 이러한 의도가 담겨 있다. 하우어워스의
관점은 특히 미국 기독교에 대한 자기반성의 촉구가 담겨 있는 듯
싶다.

예를 들어, 마틴 마티나 니버가 말하는 사회윤리를 추종하는 것은
결국 보수주의이건 자유주의이건 간에 일종의 콘스탄틴적 타협에
속한다고 보는 셈이다. 교회의 일차적 목적을 미국의 민주주의를
지원하는 것이라고 보았던 점에서 말이다.

이러한 흐름과는 달리, 하우어워스는 교회의 과제란 세상을 하나
님의 나라로 변화시키는 것이 아니라, 이 세상에 평화의 공동체를
보여줌으로써 하나님의 나라에 충실해지는 것이라고 한다.[30] 사회
윤리의 관점을 전환해야 한다는 요구인 셈이다.

이 점에서, 하우어워스가 교회에 주목하는 이유는 더욱 분명해진

다. 그에 따르면, 그동안 우리는 교회를 사회정의나 여타의 선한 정책들을 위한 잠재적 대행기관쯤으로 생각해 왔다. 신앙인들은 너무도 당연하게 생각해왔고 비신앙인들 역시 교회란 그런 일을 하는 곳이라고 간주하곤 한다.

하지만, 그리스도인으로 사는 진정한 이유는 기독교의 확신이 진리라고 하는 것에서 찾아야만 한다. 그리고 교회의 구성원이 되는 진정한 이유는 교회가 이 진리에 기초한 공동체라는 점에서 찾아야만 한다.[31] 바로 여기에 하우어워스의 요점이 있다. 그에 따르면,

> 기독교사회윤리가 '그리스도인 됨'(being Christian)을 뜻한다는 점을 분명하게 말하지 못한다면, 예수에 관한 기독교의 주장들은 그 의미를 상실하고 말 것이다. 기독교사회윤리가 사회적 전략의 근거를 찾으려는 목적에서 말씀에 호소하려 한다면, 이것도 옳지 않다. 따지고 보면, 사회적 전략이라는 것은 말씀보다는 다른 이론들을 근거로 삼고 있거나 혹은 다른 근거들을 통해 정당화되어야 그 타당성을 얻을 수 있는 것들이기 때문이다.[32]

따라서 독특한 공동체로서의 교회의 사회적 의의를 교회 자체의 고유한 통전성을 따라 재천명하는 것이야말로 하우어워스의 주된 관심사가 되는 셈이다. 그리스도인들은 자신들의 가장 중요한 사회적 책무란 성경에서 발견하는 하나님의 이야기라는 점, 그리고 거기에 충실하게 살아가고자 하는 공동체가 되는 것 그 이상의 다른 무엇도 아니라는 점을 재발견해야 한다는 것이다.

모든 윤리적 응답은 교회에서 시작된다.[33] 이것이 하우어워스 윤리의 기초이자 핵심이다. 이점에서 그의 윤리는 교회의존적(church-dependent)이라 할 수 있으며,[34] 그의 윤리에 교회윤리라는 별명이 붙는 이유 또한 여기 있다. 하우어워스에게서 교회로 교회되게 하는 것은 일종의 소명(calling for the church to be the church)이다.[35]

그리고 교회가 현실정치의 도전에 항상 응답해야할 방식은 교회 그 자체가 되는 것이다.[36] 말하자면, 교회가 강조해야 할 가장 창조적인 사회전략은 다름 아닌 교회, 좀 더 정확하게 말해서, '교회됨'이다. 여기에는 세상이 사회적 강제력이나 통치행위를 통해서 결코 보여줄 수 없는 삶의 방식을 세상에 보여주어야 한다는 뜻이 담겨 있다.[37]

하우어워스에게 '종합'의 통찰력이 돋보인다. 마치, 토마스 아퀴나스의 경우에서처럼 말이다. 무엇보다도 빛나는 부분은 '교회'이다. 요컨대, '교회됨' 자체가 하우어워스의 사회윤리의 핵심인 셈이다. 물론, 그가 사용하는 사회윤리 개념이 니버의 그것과 동일하지 않은 것이라 해도, 하우어워스가 논의를 진행하는 맥락자체가 정치와 제도 및 사회에 대한 인식에 있다는 점에서 일반적 의미의 사회윤리와 동떨어진 것은 아니라고 해석할 수 있겠다.

문제는 콘텐츠 혹은 논의의 강조점이다. 하우어워스의 사회윤리는 교회됨을 통한 사회윤리라는 점에 그 특징이 있다. 그에 따르면, 윤리가 모든 신학적 성찰의 첫 자리에 와야 한다.[38]

하지만 윤리란 복음을 말하고 그대로 사는 방법을 기억하도록 도와주는 도구모음에 불과하다.[39] 다른 말로 하자면, 윤리는 교회를 교회되게 하는 통로이어야 하는 셈이다. 그에 따르면, 교회 즉 예수 안에서 하나님의 이야기를 기억하고 말 할 수 있는 사람들의 첫째가는 사회적 과제는 교회되게 하는 것(to be the church)이다.[40]

그렇다면, 하우어워스가 말하는 '교회됨'을 위한 '교회'란 무엇인가? 그가 말하는 교회는 현실의 교회와 수학적 합동을 이루지 않는다. 그는 교회란 특정지역, 특정교파의 특정모습과 일치하는 것은 아니라는 점을 분명히 인식하고 있다.

가령, 그의 출신지 텍사스를 포함한 남부의 교회가 교회의 전부인 것은 아니라고 말했던 대목은 그의 교회인식이 '교회됨'을 위한 인식 혹은 당위로서의 '교회'를 염두에 두고 있음을 암시한다.

이것은 현실의 교회 혹은 지탄받는 교회를 넘어 교회다운 교회, 마땅히 되어야 할 교회 즉 '교회됨'에 그의 강조점이 있는 것으로 해석할 수 있겠다. 하우어워스가 제시한 '교회'는 '교회됨'을 담아낸 것이요, 그것이 윤리의 목적이라는 뜻으로 이해되어야 한다. 교회에 대한 하우어워스의 언급 몇 대목만 보아도 쉽게 알 수 있다.

> 교회는 예수 그리스도의 진리 위에 세워진 유일한 공동체이다. 교회의 사회윤리적 책무는 예수 이야기를 바르게 말해주는 공동체가 되는 것이다.[41] … 교회는 예수 이야기대로 살고 있는지 지속적으로 검증하고 검증받는 공동체이다.[42]

이 부분에서 로빈 길(R. Gill)의 해석을 인용하자면, 하우어워스는 교회란 기독교 이야기의 담지자이며 기독교적 사회화의 대리적 공

동체라고 보았다.[43]

실제로, 하우어워스는 교회를 말할 때, 교회론 혹은 교회사를 언급할 것이라는 일반적 기대와 달리 윤리의 문제에 집중한다. 하우어워스에 따르면, 교회란 성례전이 행해지고 복음이 선포되는 곳으로서, '올바른 삶(upright lives)의 모습'이 있는 곳이다.[44]

이 부분에 기독교 고유의 독특한 삶의 구현에 대한 강조가 담겨 있음은 두말할 필요도 없다. 특히, 교회는 자유주의적 사회공동체에 동화되어 그들에게 제시할 사회윤리의 이론과 틀을 소유했다기보다 교회 그 자체로 사회윤리이다. 혹은 교회는 무언가 새로운 사회윤리를 제안하기보다 그 자체로 사회윤리라고 말하는 것도 이와 무관하지 않다.[45]

이와 관련하여 간과해서는 안 될 부분이 있다. 교회윤리로서의 사회윤리를 말하는 하우어워스의 관점에 기존의 사회윤리 개념과는 다른 목소리가 스며있다. 그에 따르면, 기독교사회윤리는 흔히 원리와 정책의 형태로 표현된다. 하지만 그것들은 신앙의 핵심적 확신과 무관하거나 혹은 기독교의 핵심관점이 보증해주지 않는 것들이기 쉽다.

하우어워스에 따르면, 기독교사회윤리의 기초에 하나님께 대한 인식이 있어야 한다. 하나님께서 사람들을 부르시고 이스라엘과 예수 그리스도의 사역을 통해 하나님을 섬기게 하신다는 인식 말이다. 이러한 뜻에서, 그는 성경의 윤리적 의의를 강조하면서 '내러티브'라는 틀에 주목한다. 사회정책 혹은 개인윤리와 사회윤리의 구분보다는 교회 공동체가 지닌 내러티브를 사회윤리의 기본 카테고리

로 인정해야 한다는 뜻이다.[46]

이처럼 내러티브를 강조하는 데에는 사회윤리의 틀이 정책과 참여보다 예수 진리의 공동체로서의 교회됨에 있다는 하우어워스 나름의 관점이 담겨있다. 교회는 이스라엘을 부르시고 예수 그리스도를 보내신 하나님의 이야기의 가치를 오랜 세월 실천적으로 공유해온 공동체로서,[47] 하나님 이야기라는 내러티브 의존적인 공동체이다. 따라서 교회의 '사회윤리'는 기독교적 정책의 문제가 아니라 이 내러티브에 상응하는 삶의 모습을 구현하는 것이 되어야 한다는 뜻이 된다.

이 부분에서 우리는 그가 '덕의 윤리'(ethic of virtue)와 밀접히 연관되어 있음을 엿볼 수 있다. 하우어워스에게서, 교회는 기독교적인 덕의 터전(locus)이며 공동체이다.[48] 그에게 있어서 교회는 복음적 성품의 훈련장 혹은 덕의 학교이다.[49] 교회는 세상 속에서 하나님의 진리를 증거 하기에 충분한 덕을 지닌 사람들의 공동체가 되어야 한다는 뜻이다. 하우어워스에 따르면, 그리스도인은

'덕스러운' 사람들이 되어야 한다. 그러나 단지 덕스러운 사람이 되는 것이 아니라 십자가에 못 박히신 구세주의 이야기를 기억하고 말하는 것이 필수요소가 되는 덕의 사람이 되어야 한다.'[50]

✚ 교회됨의 사회윤리를 향하여

하우어워스에 대한 퇴거의 비판보다 더 신중하게 생각해야 할 문

제가 있다. 이렇게 질문하고 싶다. 교회에 대한 그의 관심은 지나치게 긍정적인 것 아닐까? 교회공동체 경험에는 좋은 것만 있는 것은 아닌데, 왜 교회인가? '너나 잘 하세요'를 내뱉는 시민사회를 향하여 교회는 과연 사회정책과 그 실천전략을 주기에 합당한 윤리적 공동체일까? 교회 밖으로 나가기도 전에, 교회 안에서, 교회구성원들 사이의 회의적인 모습들에 실망하고 지치기 쉬운 경우들을 과연 어떻게 설명하고 극복할 것인가? 아주 짧은 코멘트가 있기는 하다.

> 교회는 고백과 화해의 수단, 대결을 넘어 용서의 수단을 가진 사람들이 되라는 부르심을 받았다. 폭력이 아닌 방식으로 갈등을 처리할 수 있는 근거가 교회에 있다.[52]

그러나 과연 현실의 교회가 이러한 모습을 구현해낼 수 있을지, 여전히 의구심을 품는 사람들이 많다는 것을 간과해서는 안 될 듯싶다. 다만, 실망을 포기로 고착화시키는 것은 더 큰 문제가 있다. 교회는 자연인들의 공동체를 넘어 하나님의 주 되심에 대한 신앙과 경배를 그 핵심에 담고 있는 공동체이기 때문이다. 앞으로의 하우어워스 연구에서는 이러한 고민들에 대한 교회다움과 교회됨의 문제들을 고찰하는 노력이 이어지기를 기대해 본다.

유념해야 할 것은, 하우어워스의 윤리를 관심을 갖는다고 해서 기존의 현실정치에 대한 사회정책의 제시 및 사회참여를 거부하는 것으로 오해해서는 안 된다는 점이다. 사회정책의 제시를 비롯한 교회의 사회참여는 엄연한 '현실'로 자리 잡고 있으며 그러한 흐름은 중단되지 않을 것이다.

오히려, 교회의 사회윤리적 책무에 중요한 또 하나의 아젠다를 얻었다는 관점에서, 우리가 처한 정황 즉 교회가 시민적 지탄의 대상이 되고 있는 정황에서 교회의 교회됨을 사회윤리로 제시한 하우어워스의 목소리를 유의해야 할 것이다.

모든 그리스도인은 예수 내러티브로 형성된 존재인 동시에 예수 내러티브의 공동체인 교회 구성원이라는 점에서, 더욱이 교회의 존립이야말로 우리시대의 사회적 참여를 위한 중요한 원천이라는 점에서, 기독교사회윤리가 주목해야 할 추가적인 아젠다 혹은 이슈로서의 '교회됨'을 소홀히 여겨서는 안 될 것이다.

물론 이것이 하우어워스를 왜곡하는 것일 가능성이 없지는 않으나, 한국적 시민사회에서의 교회의 자기성찰과 윤리적 성숙을 위한 지침으로 삼을 가치가 있음을 인정해야 할 듯싶다.

언젠가, 하우어워스와 스택하우스의 문제의식을 엮어내는 학술발표에서, 하우어워스의 관점을 그야말로 '순진한'(naive) 기대라고 거세게 몰아세우는 논객을 만난 일이 있다. 불의와 전쟁이 벌어지고 있는 현실로부터 도피하라는 주장에 지나지 않는다는 뜻이었다.

솔직히, 니버적 사회윤리 개념에 익숙한 입장에서는 하우어워스가 한 눈에 들어온 것은 아니다. 하지만, 하우어워스에 대한 스택하우스의 관점은 상호보완적 이해가 필요한 것 같다.

분명히, 기독교사회윤리는 계속되어야 하고 발전되어야 한다. 동시에 교회의 윤리적 관심과 과제는 중단될 수 없다. 다만 형식과 방향이 다를 뿐이다. 혹은 강조점이 다를 뿐이다.

　이제까지 살펴본 하우어워스의 교회윤리로서의 사회윤리는 교회의 교회됨을 통해 시민사회를 기독교 고유의 방식으로 섬기려는 통찰을 간직하고 있다는 점에서, 니버를 중심으로 하는 사회윤리학의 흐름에 이질적인 것으로 보일 가능성이 없지 않으나, 분명한 것은 그 문제의식이 무척이나 정확하고 한국적 응용의 여지 또한 크다.

주

1. Stanley Hauerwas, 『교회됨』, 172.

2. Stanley Hauerwas, 'Why the "Sectarian Temptation Is a Misrepresentation: A Response to James Gustafson' in *The Hauerwas Reader*, 109.

3. Stanley Hauerwas, 『교회됨』, 183.

4. 같은 책, 30.

5. 같은 책, 172.

6. 같은 책, 213.

7. 같은 책, 172.

8. David Fergusson, Community. *Liberalism, and Christian Ethics*, 76-77.

9. 니버의 사회윤리에 대한 이해를 위해 고범서, 『라인홀드 니버의 생애와 사상』(대화문화아카데미, 2007), 『사회윤리학』(나남, 1993)을 참고하기를 권한다. 아마도 이 분야의 대표적인 저작은 1978년에 출판

되어 지금은 희귀본이 되어버린 『개인윤리와 사회윤리』가 아닐까 싶다.

10. 예를 들어, 황경식은 『사회정의의 철학적 기초』(문학과 지성사, 1985)에서 현대윤리학에 나타난 사회윤리적 관심을 종합하면서 고티에(D. D. Gauthier), 노웰 스미스(Nowell-Smith), 드워킨(D. Dworkin) 등을 소개하고, 기독교 신학자로 니버(R. Niebuhr), 브룬너(E. Brunner), 본회퍼(D. Bonhoeffer) 등을 언급한다.

11. 이 부분은 拙稿, '니버의 사회윤리에 관한 공공신학적 해석'〈기독교사회윤리〉 제16집, 한국기독교사회윤리학회, 2008을 참고하기 바란다.

12. Stanley Hauerwas, 『교회됨』, 145.

13. 같은 책, 29.

14. 같은 책. 150.

15. 같은 책, 18, 182.

16. 같은 책, 169.

17. 같은 책, 214.

18. 같은 책, 215.

19. Stanley Hauerwas, *The Peaceable Kingdom: A Primer in Christian Ethics* (Notre Dame, IN: University of Notre Dame Press, 2006), 100.

20. Stanley Hauerwas & William H. Willimon, 『하나님의 나그네 된 백성』(2008), 55.

21. Stanley Hauerwas, 『교회됨』, 152.

22. Stanley Hauerwas & William H. Willimon, 『하나님의 나그네 된 백성』, 61.

23. 하우어워스는 이러한 구분법을 무척이나 의식하고 있다. 출판 30

년에 가까운 〈교회됨〉(*A Community of Character*) 한국어판 서문에
서는 모든 윤리가 사회윤리라는 점에서 굳이 '사회윤리'를 구획 지
을 필요는 없다고 말한다. 하우어워스의 이론적 배경이 되는 현대
적 의미의 덕의 윤리 자체가 개인윤리와 사회윤리를 구분하지 않
는 경향이 있어 보인다.

24. Stanley Hauerwas, 『교회됨』, 152. 자유주의-공동체주의 논쟁과 연
    관 지어 본다면, 덕의 윤리를 개인윤리에 속한다고 단정 지을 수 없
    을 것이다.

25. 같은 책, 28~29.

26. 같은 책, 127.

27. 같은 책, 18.

28. 같은 책, 20.

29. 같은 책, 33.

30. Stanley Hauerwas, *The Peaceable Kingdom*, 103.

31. Stanley Hauerwas, 『교회됨』, 14.

32. 같은 책, 83.

33. Stanley Hauerwas & William H. Willimon, 『하나님의 나그네 된 백
    성』, 123.

34. 같은 책, 106.

35. Stanley Hauerwas, *The Peaceable Kingdom*, 102.

36. Stanley Hauerwas, 『교회됨』, 171.

37. Stanley Hauerwas & William H. Willimon, 『하나님의 나그네 된 백
    성』, 125.

38. Stanley Hauerwas, *The Peaceable Kingdom*, 16.

39. Stanley Hauerwas & William H. Willimon, 『하나님의 나그네 된 백
    성』, 2008), 148.

40.	Stanley Hauerwas, *The Peaceable Kingdom*, 100.

41.	Stanley Hauerwas, 『교회됨』, 113.

42.	같은 책, 189.

43.	Robin Gill, *Churchgoing and Christian Ethics* (Cambridge: Cambridge University Press, 1999), 18.

44.	 Stanley Hauerwas, *The Peaceable Kingdom*, 107.

45.	같은 책, 99.

46.	Stanley Hauerwas, 『교회됨』, 28.

47.	Stanley Hauerwas, *Christian Existence Today*, 102.

48.	Robin Gill, *Churchgoing and Christian Ethics*, 15.

49.	Stanley Hauerwas, 『교회됨』, 168.

50.	Stanley Hauerwas, *The Peaceable Kingdom*, 103.

51.	Stanley Hauerwas, *A Cross Shattered Church : Reclaiming the Theological Heart of Preaching* (Grand Rapids; Brazos Press, 2009), 145.

52.	Stanley Hauerwas & William H. Willimon, 강봉재 역,『십계명』(복 있는 사람, 2007), 125.

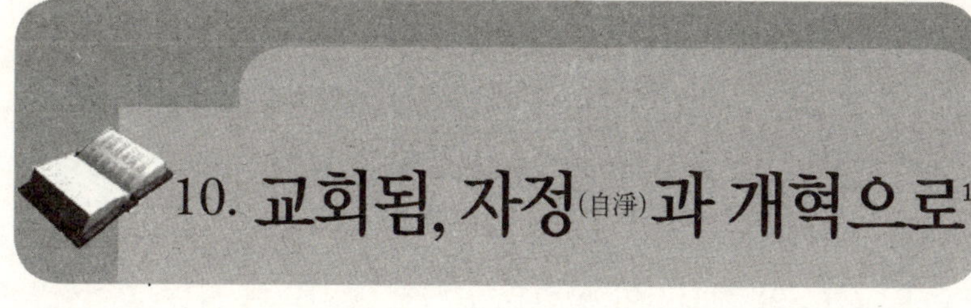
10. 교회됨, 자정(自淨)과 개혁으로[1]

✚ 거시적 자정으로서의 교회됨

하우어워스(Stanley Hauerwas)의 '교회윤리'(ecclesial ethics)를 대하는 대부분의 연구자들이 직면하는 난제 중 하나는 하우어워스의 윤리적 비전을 실천할 구체적인 방법론은 무엇인가의 문제일 듯싶다.

하우어워스의 문제의식이 교회의 윤리적 성숙을 위해 중요한 방향을 제시해 준 것임에 틀림없다. 하지만, 교회의 윤리적 자정(自淨) 의지와 실천능력이 문제시되고 있는 한국적 맥락에서, 구체적 실천 방안은 부각되지 않는다는 데 한계가 있다.

한 마디로, 교회됨의 중요성을 일깨워 준 것에 비해, 어떻게 실천할 것인가의 문제는 뒷전으로 밀려나 있는 셈이다. '교회되지 못함' 혹은 '교회답지 못함'의 모습들에 직면하고 있는 한국교회는 과연 윤리적 자정이 가능할까? 교회됨을 방해하는 요소들을 척결할 방안은 있는가? 이 질문들은 하우어워스의 교회윤리 그 자체에 대한 근본적인 질문으로 귀결된다. 하우어워스는 윤리적 자정을 신뢰하는가?[2]

하우어워스의 핵심적인 공헌은 교회로 교회되게 하는 것이야말로 기독교윤리의 본질적인 주제이어야 하며, 그 해답은 예수 내러티브에 충실한 교회, 복음에 합당한 성품의 사람이 되는 것임을 일깨워 준 데 있다. 예수 내러티브에 따른 덕목들을 실천함으로써 그리스도인다운 덕과 성품을 함양시켜 교회다운 교회되는 것이야말로 하우어워스의 교회윤리가 추구하는 요점이라 할 수 있겠다.[3]

하우어워스가 보기에, 기독교윤리의 핵심은 '교회'이어야 한다. 기독교의 윤리적 응답은 교회에서 시작되어 한다고 말했던 대목은 이러한 생각을 상징적으로 대변해준다. 이제까지의 기독교윤리가 추구해온 사회정책이나 전략의 제시보다 '교회됨'이 기독교윤리가 추구해야 할 본질이요 핵심이라는 사실을 강조해준 셈이다.

하우어워스가 기독교윤리라는 분과학문의 개혁을 말하고 있는 것 같지만, 이는 궁극적으로 교회의 윤리적 이상과 개혁의 필요성을 제시해준 것으로 해석되어야 한다. 나아가, 교회됨 즉 교회다운 교회가 되는 것을 기독교윤리의 핵심과제로 제안한 하우어워스의 관점은 분과학문으로서의 기독교윤리학에 국한될 주제가 아니라, 교회와 그리스도인 모두가 공유해야 마땅한 문제의식이라 할 수 있겠다.

이러한 뜻에서, 하우어워스의 문제의식을 핵심적으로 간추려 주는 문장이 있다. '교회의 으뜸가는 책무는 교회 자체가 되는 것'이다.[4] 여기에는 현대사회에서 교회가 교회답지 못한 모습을 보이고 있다는 자성과 평가가 담겨 있다. 혹은 오늘의 교회는 본래적 정체성에 충실하지 못하다는 안타까움이 반영되어 있다.

교회의 자정능력으로서의 '거룩'을 읽어낸 것은 중요한 의의가 있다.[5] 아젠더를 제시했을 뿐, 구체적인 실천을 주지 못한 점은 아쉽다. 하우어워스의 경우도 유사한 평을 받을 수 있다.

해석상의 문제이기는 하겠지만, 하우어워스의 문제의식 자체가 교회의 윤리적 자정을 말한 것일 수 있다. 교회가 '자유주의' 정치와 결탁하여 복음적 정체성을 상실하고 있음을 일깨워 줄 뿐 아니라, 교회의 본래적 존재이유로 돌아갈 것을 요구하고 있기 때문이다. 교회는 사회정책과 전략의 제안자가 될 것이 아니라, 예수 내러티브에 충실한 덕의 공동체가 되어야 한다는 주장은 스택하우스의 공공신학과 카운터파트가 되는 듯 보일 수 있다.[6] 하지만, 공공신학의 문제의식을 폄훼하려는 의도보다는 기독교윤리가 추구해야 할 가치를 교회 안에서 찾고자 하는 노력의 표현일 듯싶다.

하우어워스가 '콘스탄틴주의'에 대한 비판 및 자유주의 정치에 대한 교회의 '결탁' 혹은 '동화'(accommodation)에 관한 윤리적 자성(自省)을 통해 교회의 윤리적 자정(自淨)을 촉구한 것으로 보는 것이 타당하다.

교회의 개혁이 절실한 오늘의 사회에서, 교회로 하여금 본래적 정체성을 회복하고 교회가 지닌 예수 내러티브 즉 복음에 충실해짐을 통해 교회됨을 구현하는 것이야말로 진정한 의미의 교회개혁을 추구하는 길이 되리라는 것이 하우어워스의 생각일 듯싶다. 하우어워스가 교회를 덕의 학교 혹은 성품의 공동체라 일컫는 이유 또한 이와 무관하지 않다.

이와 관련하여, 하우어워스가 호주에 초청되어 강연했던 내용들을 출판한 『기독교제국의 상실?』(After Christendom?)에서 이 책이 훗날 『나그네 된 거류민』(Resident Aliens)의 신학적 배경을 심화시키는 좋은 기회가 되었다고 술회한 대목에 유의할 필요가 있다.[7]

책 제목에 '물음표'(?)가 붙인 것은 답을 찾기 어려운 우리시대 정황의 반영이라는 부연설명을 덧붙인 이 책에서,[8] 하우어워스는 아우구스티누스에게 관심을 집중한다. 기독교의 정체성에 물음표를 붙여야 하는 난처한 시대를 어떻게 살아야 하는지에 대해 아우구스티누스가 그 힌트를 줄 수 있으리라는 기대가 담겨있는 셈이다.[9]

하우어워스에 따르면, 어떤 이들에게는 아우구스티누스가 중세에 나타난 교회의 지배를 말해준 선구자로, 다른 이들에게는 이러한 중세적 교회에 대한 프로테스탄트적 거부의 시조로 해석되기도 한다.[10]

하우어워스는 자신이 후자 계열에 속하는 것임을 암시라도 하듯이 라인홀드 니버를 언급하면서도 현실주의적 해석에는 동의하지 않는다. 교회가 지닌 공동체적 정체성을 간과하게 쉽다는 이유에서이다.

특히 니버는 아우구스티누스가 교회야말로 유일한 진정한 정치 공동체라는 인식했던 사실을 놓치고 말았다. 진정한 덕을 위해서는 사랑의 질서를 요구한 아우구스티누스의 관점 즉 욕구들의 질서를 바로 잡는 길은 교회를 통해서만 찾을 수 있다는 점을 간과했다는 것이다.

하우어워스가 보기에, 니버의 아우구스티누스 해석과 다른 관점이 필요하다. 교회가 이 세상에서 완전한 승리를 거둔 것이 아닌 경우, 과연 교회는 어떻게 살아남아야 하는지를 말해준 인물이 아우구스티누스라는 것이다.[11] 이것은 맥킨타이어의 영향을 받아 정치적 자유주의를 불신하는 하우어워스 자신의 태도를 암시해주는 것이라 할 수 있다.

이러한 의미에서, 하우어워스의 교회관을 '자폐적' 혹은 '소종파적'이라고 몰아세우기 전에, 그가 교회됨의 제안을 통해 기독교윤리를 개혁하고 교회의 본질을 회복시키고자 했던 진의를 파악하는 것이 옳을 듯싶다.

물론, 하우어워스에 대한 칭송일변도의 접근보다 비판적 시각을 충분히 고려한 균형 있는 읽기가 필요한 것도 사실이다.[12] 중요한 것은, 하우어워스가 교회의 본래적 정체성을 일깨워 교회의 개혁을 추구한 것이라는 사실에 대한 바른 인식이다. 다시 말해, 하우어워스의 문제의식 자체가 윤리적 자정의 노력으로 해석되어야 한다는 뜻이다.

그러나 하우어워스의 통찰을 한국교회에 적용하기 이전에, 하우어워스의 접근법 자체에 대한 반론이 일고 있다는 데 우리의 고민이 있다. 특히 그의 관점이 시민사회에서 소통을 추구하기보다는 단절 혹은 소종파주의적 퇴거(withdrawal)의 몸짓으로 내몰리기 쉽다는 데 문제가 있다.

정작 하우어워스 자신은 이러한 우려와 비판에 무척이나 당당하다. 그는 거스타프슨이 자신에게 쏟아 부은 '부족주의'(tribalism)라는 논박에 대해 오히려 거스타프슨의 주장 이면에 계몽주의적 기획이 숨겨져 있는 것 아닌지 의구심을 제기한다. 즉 부족들은 공개적이고 관용적인 공동체를 표방하지 않기 때문에 퇴행적인 것이라는 생각, 보편적 권리의 인식에 실패했다는 생각을 깔고 있는 것은 아닌지 의구심을 제기하면서,[13] 적극 항변한다. 교회는 결코 '부족'일 수 없다는 것이다.

더욱 큰 관심의 대상이 되는 것은, 소종파적 퇴거의 위험성 내지는 '자폐적 교회관'의 문제일 듯싶다. 그러나 정작 하우어워스는 소종파적 퇴거의 비판에 대한 우려보다는 교회됨보다 더 중요한 것이 있는가를 반문하면서 교회됨을 위한 문제의식을 더욱 당당하게 강조하고 있다.

한 가지 더 생각할 것이 있다. 하우어워스의 문제의식에 한국적 맥락을 대입할 경우 변수가 생긴다. 그가 제안한 '교회됨'의 통찰은 동의할만한 가치가 있는 중요한 문제의식이지만, 하나의 '아젠더' 내지는 '방향제시'에 그치는 것으로 인식될 우려가 있다.

심지어, 공공성을 앞세운 공공신학이 훨씬 더 시의성을 지닌 것으로 간주한 나머지, 하우어워스의 제안은 이내 '원론적인 이야기'로 평가 절하될 우려가 크다. 한국적 맥락은 '복음에 충실한 교회됨' 그 자체에 만족하기보다 공공성 구현이 더 피부에 와 닿는 이야기로 느끼고 있으며, '교회됨'은 문제의식으로는 좋으나 구체적 실천방안이 없는 제안으로 간주되기 쉽다.

특히, 교회의 윤리적 자정이 절실하다는 강박관념이 지배하는 오늘의 한국적 정황은 '교회됨'이 지닌 '거시적' 자정의 가치를 충분히 평가하지 못한 채, '미시적' 자정 즉 교회의 시민적 개혁을 위한 구체적 방법론과 실천방안들을 요구하는 경향으로 나타나기 쉽다.

사실, 하우어워스가 『교회됨』(A Community of Character)의 한국어판 서문에서 말했듯이 교회됨의 하우어워스가 처한 미국적 정황과 한국의 그것이 같지는 않다.

더구나 하우어워스의 한국적 읽기는 한국인의 몫이다.[14] 특히, 미시적 차원에서의 윤리적 자정을 위한 방법론을 다루는 것이야말로 '자정'을 집중적으로 문제 삼아야 하는 한국적 읽기를 위한 핵심이라 할 수 있겠다.

✝ 미시적 자정의 단초와 한계

하우어워스의 교회윤리가 거시적 차원의 교회자정을 말해준 것이라면, 미시적 차원의 구체적인 실행 매뉴얼은 어떻게 요약할 수 있을까?

사실, 하우어워스에게서 교회됨의 실행 매뉴얼 내지는 교회자정의 방법론을 찾아보기는 쉽지 않다. 다만, 하우어워스의 한국적 읽기, 특히 교회의 윤리적 자정의 문제와 연관 지어 생각해 볼 단초가 있기는 하다.

학문적 주소를 찾아가자면, 공동체주의의 문제로부터 시작하는 것이 타당할 듯싶다. 공동체주의에서 자정의 문제에 대해 어떤 답을 주고 있는가를 먼저 살펴보아야 한다는 뜻이다. 하우어워스의 윤리가 '기독교공동체주의'라는 평가를 받고 있음을 생각해 보면,[15] 공동체주의는 과연 실효적인 교정수단을 가지고 있는가의 문제부터 유심히 살펴볼 필요가 있다.

특히, 덕 윤리의 현대적 재론에서 주목받는 고전으로서의 아리스토텔레스의 관점은 중요한 단초일 수 있겠다. 최근의 공동체주의 윤리학자 중에서, 샌델(Michael Sandel)의 경우, 아리스토텔레스의 정의관으로 돌아갈 것을 제안한다.

샌델이 보기에, 아리스토텔레스에게 있어서 정의란 ①텔로스에 근거하여 사회적으로 문제가 되는 행위를 다루는 것이며, ②텔로스에 따르는 행위에 대한 존경을 표하는 것이다.[16] 각자에게 마땅한 몫을 주는 것이요, 각자의 탁월성에 따라 존경하여 대우하는 것을 뜻한다.

이것을 '시정(是正)적 정의'(diorthotikon dikaion)라 할 수 있다. 『니코마코스 윤리학』에서, 아리스토텔레스는 인간과 텔로스, 행복과 덕에 관한 논의를 공동체의 맥락을 통해 성찰하고 제5권에 정의에 관한 몇 가지 제안을 준다.

정의에 관한 일반적인 규정 및 일반적 정의와 부분적 정의에 대해 논한 후, 아리스토텔레스는 분배적 정의에 대한 부분 바로 다음에 시정적 정의를 다룬다. 그 요점은 시정을 통하여 교환이 일어나기 이전의 쌍방이 지니고 있던 자신의 몫을 회복시켜주는 것이 정의라는 것이다.[17]

아리스토텔레스의 목록을 좀 더 유심히 살펴보자면, 시정이 필요한 대상들은 자발적인 것들(ta hekousia)과 반(反)자발적인 것들(ta akousia)로 나뉜다. 판매, 구매, 대출, 보증, 차용, 위탁 등이 자발적인 것에 해당하며, 반자발적인 것에는 속임수에 의한 것들(ta lathraia)과 강제적인 것들(ta biaia)이 구분된다. 속임수에 의한 것으로는 절도, 간통, 독살, 암살, 위증 등이 속하고 강탈, 상해, 모욕 등이 강제적인 것에 속한다.[18]

이어서 아리스토텔레스는 '되갚음' 혹은 '되당함'에 있어서의 정의에 대해 다룬다. 아리스토텔레스는 '동해보복'(同害報復)의 'talio' 방식이 아닌, '비례응징'(比例膺懲)의 방식을 제안한다. 즉 비례하는 되당함 혹은 비례하는 되갚음을 제안한 것이다.[19]

이러한 아리스토텔레스의 관점을 일반적으로, 응징주의적 처벌론(retributivistic penology)이라 해석한다. 응징을 말하되, 정의로운 응징을 지지한다는 뜻으로, 아리스토텔레스는 일탈된 응징에 대한 지지자가 아님을 유념할 필요가 있다.[20]

더불어, 공동체적 맥락에서 유의할 것이 있다. 아리스토텔레스의 관점에 원상회복론적 요소가 들어 있다는 점이다.[21] 아리스토텔레스의 관점은 결여적 존재로서의 인간이 더불어 삶을 통해 공동체를 꾸려가고 행복증진 및 공익에 기여하게 하려는 맥락에서 읽을 필요가 있다.[22] 훼손된 분배정의를 회복시키는 것이 시정적 정의의 의도라 할 수 있다면,[23] 이는 거래 혹은 교환의 과정에서 발생하는 과오와 악행들에 대한 응징 및 처벌을 통한 공동체성의 회복을 목적으로 하는 것이었다.

시정적 정의가 필요한 것은 사실이지만, 본질적으로 두 가지 특징을 지닌다는 점 또한 간과해서는 안 된다. 그 하나는, 공동체의 정의 회복을 위한 것이지, 지나친 복수와 와해를 목적으로 삼지 않는다는 점이다. 다른 하나는, 공동체 내부에서 자체적으로 이루어진다는 점이다.

특히, 공동체의 외부 세력에 의한 응징을 말하지 않았다는 점이 중요하다. 시정적 정의는 본질적으로 공동체 구성원들에게 속하는 문제이며, 무엇보다도 덕 혹은 성품의 사람들에 의한 시정과 회복의 노력이 공동체의 내부적인 차원에서 이루어져야 한다는 점에 각별히 유의해야 할 것이다.

이것을 아리스토텔레스가 말하는 중용의 덕과 연관을 짓는다면, 복수하는 사람이기보다 용서하는 사람이 될 것을 제안한 것이다.[24] 중용의 덕을 지닌 사람은 격정(pathos)에 휩쓸리는 사람이 아니라, 이성(logos)에 따라 '마땅히 화를 내야 할 일들에 대해, 마땅히 화를 내야 할 자들에게, 화를 내는 마땅한 방식으로 화를 내야 할 마땅한 때에, 화를 낼 마땅한 시간 동안만 화를 내는 사람'이다.[25] 다시 말해, 시정적 정의를 말한다고 해서 무차별적 응징으로 치닫는 것이 아니며, 성품과 덕의 문제를 염두에 두고 이해할 필요가 있다.

이러한 배경에서, 하우어워스의 기독교 공동체주의에 대해 살펴보자. 물론, 아리스토텔레스의 그것과 동일한 것은 아니라는 점에서 하우어워스의 기독교 공동체주의에는 여러 면에서 다른 점과 특징들이 담겨 있을 것이다. 다만, 공동체주의적 단초를 통해 몇 가지 논의의 여지를 찾아볼 수 있을 듯싶다.

하우어워스의 논의에서 아리스토텔레스에 대한 관심은 토마스 아퀴나스의 관점과 연관 지어 나타난다. 아리스토텔레스가 덕을 배운다고 해서 덕스러워지는 것은 아니라, 덕은 실천을 통해서만 얻을 수 있다고 말한 것에 대한 관심이 그렇고,[26] 덕의 함양에서 습관의 중요성을 말하는 부분 역시 그렇다.

하우어워스에 따르면, 도덕성숙을 위해서는 어려서부터 일정한 습관을 가져야 한다는 아리스토텔레스의 주장은 잘못된 것이라 할 수 없다. 그러나 습관의 필요성과 관련하여, 아리스토텔레스와 토마스 아퀴나스는 과연 어떤 습관이 신실한 성품함양을 독려하는가를 다루지 않은 채 덕목들을 실천하기만 하면 성품은 저절로 함양된다고 생각해버리고 말았다.[27]

하우어워스가 아리스토텔레스의 주석가이기를 자임한 것은 아니다. 오히려, 예수 내러티브에 의한 교회됨의 가치를 강조했다는 점에 유의할 필요가 있다. 하우어워스에 따르면, 교회는 성경의 내러티브를 삶의 중심으로 삼는 공동체이어야 하며, 교회는 성경을 예배와 삶에 적용함으로써 성경의 권위를 세우는 공동체이어야 한다.[28] 이 점에서, 하우어워스는 아리스토텔레스와 토마스 아퀴나스의 힌트를 받아 기독교 공동체주의를 전개하고 있음을 엿볼 수 있다.

그렇다면, 아리스토텔레스의 시정적 정의에 대한 하우어워스의 반향은 어떠한가? 아쉽게도, 하우어워스에게서 교정 혹은 시정에 대한 단초들을 찾아보기는 그리 쉽지 않다.

하우어워스가 이러한 반응을 보이는 것은 교회의 문제들을 몰라서도 아니고 순진(naive)해서도 아니다. 교회에 대한 비판을 듣지 못해서도 아니다. 다른 관점에서 보고 있을 따름이다. 더구나, 교회에 대한 하우어워스의 관점이 칭송일변도인 것은 아니다. 그가 말하는 교회는 현실의 교회가 아니라, '되어야 할 교회'라는 점을 유의할 필요가 있다.[29]

굳이 따지자면, 교회다움에 관한 기준 혹은 표식(marks)에 대한 언급에서 아리스토텔레스의 시정적 정의에 견줄만한 표현이 나오기는 한다. 하우어워스가 보기에, 교회란 성례가 시행되며 말씀이 선포되고 올바른 삶을 살도록 독려하며 또한 그렇게 살아가는 사람들의 공동체이다.

성례와 말씀의 중요성은 두말할 필요도 없고, 교회는 사랑과 배려와 정의의 덕을 구현하는 성도들로 이루어진다. 성도들이 서로를 세워주고 잘못을 바로잡아주어야 할 이유가 여기 있다.[30] 여기에 사용된 '바로잡아준다'는 표현을 아리스토텔레스의 시정적 정의에 비견할만한 것으로 볼 여지가 있기는 하지만, 구체적인 논의는 찾아보기 어렵다.

물론, 교회의 문제에 대한 인식은 분명하다. 하우어워스에 따르면, 초대교회가 흠잡을 데 없이 완전한 교회였을 것이라고 생각하는 경우, 바울서신 중 고린도교회 부분을 읽어보면 그 생각을 바꾸게 될 것이다. 고린도 교회는 분열되고 성적으로 타락했으며 이교도의 이단에 연루되기도 했다. 오늘의 교회가 엉망진창이라고 생각된다면, 고린도교회의 예를 기억하면서 그 해법을 찾아 볼 필요가 있다는 뜻이라 하겠다.[31]

더구나 고린도교회를 향한 바울의 비판을 보면, 교회가 애틋하게 아름다운 공동체가 아닐 수 있다는 생각을 떨칠 수 없다. 동시에, 세상의 기준으로 유능한 자들만을 불러 모아서 교회가 되는 것은 아니라는 사실을 깨닫게 된다.[32]

문제는 이것을 어떻게 해석할 것인가에 달려있다. 하우어워스는 교회의 도덕적 불완전성을 부각시키기보다 교회에 은혜가 필요하다는 점을 강조한다. 그의 책 제목처럼, '십자가 앞에 깨어지는 교회'(cross-shattered church)로서의 정체성이 필요하다는 뜻일 듯싶다.

교회의 갈등에 대해서도 하우어워스의 해석은 각도가 다르다. 하우어워스가 보기에, 교회에도 갈등은 일어나게 마련이다. 다른 점이 있다면, 교회는 갈등이 없는 장소가 아니라 고백과 화해와 용서의 수단을 받은 백성이 되라는 부르심을 받고 있다는 점이다. 그것에 의해, 우리는 폭력의 사용이 일상화된 세상과는 달리 갈등을 처리할 수 있게 된다.[33] 이것은 교회가 용서받은 자로서, 화해와 용서의 공동체가 되어야 한다는 비전을 제시한 것으로 볼 수 있겠다.

같은 맥락에서, 교회의 갱신에 대한 하우어워스의 인식도 다르다. 갱신이 필요한 것은 분명하지만, 아리스토텔레스가 말한 시정적 정의에 견줄만한 표현은 나오지 않는다.

오히려, 전혀 다른 반응을 볼 수 있다. 하우어워스에 따르면, 갱신은 영웅에 의해 일어나는 것이 아니라, 평범한 사람들의 행동을 통해 교회 안에서 일어난다. 말씀과 성례전을 통해 지속적으로 능력을 체험함으로써 갱신을 이루어갈 수 있다.[34]

어찌 보면, 하우어워스에게서 자정에 대한 논의는 다소 소홀해 보이는 것은 부정할 수 없는 사실이다. 하우어워스가 스스로 말했듯이, 그 자신은 어느 특정한 교회의 구성원이라기보다 일종의 노숙 교인 혹은 교회난민(ecclesiastically homeless)이다.[35]

이러한 탓에 교회 안의 복잡한 갈등에 대한 관심이 깊지 않을 수 있겠다는 생각이 들기도 한다. 하지만, 하우어워스는 자신의 교회편력 때문에 자신의 관점을 왜곡시키는 일이 없기를 강력히 소망하는 신학자이다.[36] 이는 윤리적 자정에 무심해서라기보다 다른 방식의 해법을 추구하고 있는 것으로 해석하는 것이 타당할 듯싶다.

하우어워스 자신이 말한 것처럼, 비전의 중요성과 내러티브 중심성, 그리고 교회에 대한 강조가 그의 윤리적 근간이 된다는 점에서,[37] 신실한 제자 되는 일에 강조점을 두었으며, 제자 되지 못하는 경우에 대한 처방까지는 없어 보인다는 것이 솔직한 감회이다. 뭔가 손에 잡히는 대처방안을 내놓아야 직성이 풀리는 우리의 마음이 문제일지 모른다. 혹은 교회에 대한 자유주의적 접근만을 윤리적 자정의 전부라고 생각하고 있는 것이 원인일 수 있다.

적극적으로 해석하자면 그 의의는 결코 작지 않다. 하우어워스가 즐겨 쓰는 표현처럼 '건설적인'(constructive) 의미에서 대안을 제시하려 했던 것으로 해석할 수 있다는 뜻이다. 하우어워스에 따르면, 교회가 윤리의 차원에서 할 수 있는 최고의 일은 사람들을 이끌어 그리스도인다운 삶을 탁월하게 보여주는 인물과 만나게 해주는 것이다.[38]

하우어워스가 보기에, 복음서는 사랑에 관한 것이라기보다 예수 그리스도에 관해 말하고 있다. 복음서의 윤리는 사랑의 윤리가 아니라, 예수 그리스도께 속하여 예수 그리스도의 이야기를 우리 자

신의 이야기로 만들도록 이끌어주는 윤리이다.[39]

이러한 뜻에서, 하우어워스가 염두에 두었던 것은 '용서'와 '평화'의 덕을 함양하는 것이 교회의 본질적 정체성에 충실해지는 방법론이라고 생각한 것으로 볼 수 있겠다. 하우어워스에 따르면, 용서를 받아들인다는 것은 우리 인생의 주도권이 우리의 것이 아니라는 점을 받아들이는 것이다.[40]

또한 그리스도인에게 요구되는 삶은 도덕적 완전에 그치는 것이 아니라, 거룩함에 이르는 것이다. 이는 성도들이 성례전의 백성이라는 점을 일깨워준다. 성례전을 통해 그리스도인은 하나님께서 원수를 용서하시며 심지어 원수 된 우리들까지도 용서하시는 은혜를 누릴 수 있다.[41]

하우어워스는 일흔 번씩 일곱 번이라도 용서하라고 하신 예수의 교훈을 해석하면서 용서와 비난이 한 덩어리로 결속되어 있음을 강조한다. 그리스도인으로 부르심을 받은 것도 용서를 통해서이고 잘못을 비난하는 것 역시 교만에서가 아니라 용서에 의한 것이라 할 수 있다.[42]

그리스도인 자신이 용서받은 존재라는 것 이외의 다른 근거로 교회에 모이게 된 것이 아니다. 이는 공동체의 위험요소일 수 있다. 알 수 없는 사이에 늑대가 숨어들어 올 수 있는 것도 사실이다.

그러나 그리스도인들은 하나님께서 그리스도인들을 보호하실 것으로 믿으며 자신들이 해야 할 몫은 사랑의 실천뿐이라는 것을 잘 알고 있다.[43] 이 부분은 하우어워스의 교회에 대한, 그리고 교회의 자정에 대한 무한신뢰를 보여주는 대목일 듯싶다.

또한 하우어워스의 트레이드 마크에 해당하는 평화의 중요성에 대한 이야기에서도 교회는 중요한 의의를 갖는다. 평화를 위해 일하는 것은 개인의 몫이라기보다 교회공동체가 실천해야 할 덕으로 생각한 셈이다.[44]

이러한 관점은 건설적인 것인 동시에 하우어워스적 접근의 한계라고 할 수 있다. 현실에는 교회의 교회되지 못함이 체감되고 있으며, 교회답지 못함에 대한 대책이 절실한 것이 분명하기 때문이다. 특히, 평화를 위해 일해야 할 교회가 내부의 갈등으로 몸살을 앓고 있다면, 이것처럼 부끄러운 일은 없을 듯싶다.

과연 교회는 교회 안의 불의를 누가, 어떤 방식으로 시정해야 하는 것일까? 교회의 문제들에는 유형별로 여러 가지 경우의 수를 가정할 필요가 있다. 구성원 중 일부가 문제를 일으키면 다른 구성원들과 함께 리더가 주도하여 해결하는 방법이 적용될 수 있겠다. 하지만, 리더가 문제가 된다면 어떻게 해야 하는가? 대부분의 문제들이 지닌 특성이 여기에 해당한다는 데 고민이 있다.

✝ 공동체 내부에서, 자성과 자정을

중요한 것은 윤리적 자정에 대한 신뢰의 문제이다. 앞서 아리스토텔레스로 대변되는 공동체주의적 관심을 통해 중요한 통찰을 얻을 수 있었다. 바울의 권면을 응용하여 해석하자면, '악한 동무가 선한 행실을 더럽힌다'고 말한 부분(고전15:33), 교회 안에서 부도덕한 자들과 어울리지 말라고 했던 부분(고전5:9-11), 불신자들과 멍에를 함께 매지 말라고 했던 부분(고후6:14-7:1)에서 공동체적 자정의 방법을 생각해볼 수 있을 듯싶다. 또한 출교조치가 행악자를 돌이키게 하고 화해시키려는 목적에서 시행되는 것이라고 했던 부분(고후2:5-11) 역시 공동체주의가 지향하는 시정을 통한 회복을 구현하는 단초일 수 있겠다.

문제는, 시정적 정의를 공동체 외부에서 접근하려는 관점이다. 시정을 통한 자정이 필요한 것은 분명하지만, 공동체 내부에서 공동체적 가치의 회복을 위해 시행되어야 한다는 점은 매우 중요하다. 바울이 공동체의 문제해결을 위해 세상 법에 호소하는 것 자체를 부정적으로 생각한 부분은 중요한 의의가 있다.

바울은 데살로니가교회를 향하여 '범사에 헤아려 좋은 것을 취하라'(살전5:21)고 권한다. 바울이 고린도교회를 향하여 세상법정에 소송하는 것을 꾸짖었던 부분에서도 이 원칙이 적용된다. 과연 세상법정에 가져갈 문제인지를 분별할 지혜가 교회에 필요하다는 취지였을 것이다(고전6:1-8).[45]

이러한 뜻에서, 공동체적 자정노력을 포기하지 않는 것이야말로 중요하다. 교회 안에서, 교회의 회복을 위한 진지한 노력이 절실하다는 뜻이다. 교회의 자정능력은 바닥이 나버렸다고 단정지어버린 채, 탈출구를 시민적 비판에서 찾는 것은 과연 교회다움에 속하는 것일까? 사실, 세상이 원하는 교회, 시민이 기준이 되는 교회가 곧 주께서 원하시는 교회와 동일한 것은 아니다. 오히려 교회 안에서 자정을 위한 노력을 이어가는 것이 더 큰 용기와 신앙을 필요로 하는 것은 아닐까 싶다. 하우어워스가 말한 것처럼, 교회는 소진되지 않는 능력을 지닌 공동체이기 때문이다.

> 예수께서 십자가에서 '다 이루었다'하신 것은 '끝났다'는 뜻이 아니
> 다. 하나님은 우리를, 교회를, '끝나지 않는 것'으로 만드셨다.[46]

말하자면, 교회됨을 위한 자정의 노력은 교회 안에서 계속되어야 하며 교회다운 교회를 위한 자정의 방식에서도 교회다운 방법을 찾아야 한다. 비복음적인 것을 과감히 버리고 복음적 순수성을 함양시킬 수 있는 방법을 찾는 노력이 필요하다는 뜻이다.

교회의 자정능력에 대한 신뢰가 필요하고, 그 바른 구현을 위한 치열한 노력이 필요하다. 이는 결코 소종파적 퇴거의 모습이 아니다. 시민의 기준으로 읽으면, 하우어워스는 자폐적일 수밖에 없겠지만, 성경을 기준으로 교회를 보고 시민사회를 읽어내는 노력이 필요한 것 또한 분명하다. 이점에서, 하우어워스의 제안은 소종파적인 것이라기보다 예수 내러티브에 충실한 교회를 위한 제안이라 하겠다.

> 많은 사람들은 교회가 쇠퇴해가고 있다고 생각하지만, 내가 보기에
> 는 그렇지 않다. '교회'의 도덕적 실패를 다루는 주장들은 '교회'를
> 지나치게 제한된 의미에서 다루는 특징이 있다. 이를테면, 미국 개
> 신교, '서방 기독교', 가톨릭 등으로 구분하여 다룬다. 교회란 그 어
> 느 것에 제한된 것이 아니다. 교회는 하나님 나라의 증인으로서의
> 책무를 신실하게 수행하는 사람들의 모임이다. 사실, 교회에 대한

비판에는 매우 선택적인 요소들이 반영되어 있다. 많은 사람들은 남부의 교회를 비난하면서 인종주의에 대항할 예언자적 비판과 리더십을 제공하지 못했다고 말한다. 교회의 실패를 드러내려는 그들의 열심에서 간과된 것이 있다. 남부 백인들의 교회만이 그곳의 유일한 교회인 것은 아니다. 사실, 남부에서 교회가 실패한 것은 아니다. 예를 들어, 흑인회중들은 다가올 투쟁에 충분히 대비할 사람을 키워내고자 인내심을 가지고 지속적으로 노력해 왔다. … 신학자들이 연구 대상으로 삼는 교회는 지금이라는 시간에 제한되어서는 안 되며 역사의 과거와 미래를 오가는 폭넓은 것이어야 한다. … 하나님은 교회를 버리지 않으실 것이며 세대와 세대를 넘어 하나님 나라의 신실한 증인들을 지속적으로 보내주실 것이다.[47]

한국교회의 윤리적 현실은 '문제는 있으나 답이 없는 상황'이다. 혹은 '문제와 비판은 있으나 대안으로서의 해법이 없는 상황'이다. 하지만, 교회의 윤리적 자정과 성숙 그 자체를 포기해야 한다는 뜻은 아니다. 교회의 내부적 윤리적 자정의 가능성 그 자체를 포기하는 것이야말로 교회의 윤리적 성숙을 위한 논의를 빗나가게 만드는 위험요소일 수 있다.

이러한 뜻에서, 교회의 윤리적 성숙에 대한 하우어워스의 신뢰를 바탕으로 하는 균형잡힌 이해와 한국적 실천에 대한 고민이 깊어져야 할 듯싶다. 하우어워스의 교회윤리에 교회됨을 위한 아젠더만 있을 뿐, 구체적인 메뉴얼이 부각되지 못하는 한계가 있다는 점은 분명해 보인다.

교회됨이라는 아젠더 자체가 자유주의 정치에 결탁된 교회의 본
래적 정체성 회복을 촉구하는 거시적 의미의 자정에 해당하는 것은
분명하지만, 한국적 맥락에서 교회됨을 위한 자정의 구체적인 매뉴
얼은 이제부터 본격적으로 모색되어야 할 듯싶다. 특히, 공동체의
회복을 목적으로 공동체 내부에서 어떤 자정의 방법론을 적용할 것
인가에 대해 본격적인 모색이 필요한 시점이다.

1. 부제는, '하우어워스의 한국적 읽기: 자정의 관점에서'이다. 다만, '한국적'이라는 표현의 다의성과 포괄성을 고려할 때, 그 뜻을 필자의 입맛에 맞게 한정지어 사용하고 싶지는 않다. 교회에 대한 비판이 넘쳐나는 정황을 염두에 두었다는 둔 것쯤으로 말해 봄직하다.

2. 교회의 자정에 관한 하우어워스의 언급은 거의 없다. 교회됨 자체가 자정의 비전이며 그리스도인다운 덕성 함양이 중요하다고 생각한 듯싶다. 필자가 2010년에 듀크대학에 하우어워스를 방문하여 교회윤리의 실천전략을 설명해달라고 요청했을 때, 하우어워스는 '전략'이라는 표현에 반감을 표했다. 전략(strategy)이라는 말 자체가 사회정책을 제시하는 부류에서 즐겨 쓰는 표현이며, 자신의 관점과 어울리지 않는다는 것이었다. 그럼에도 불구하고, 교회됨의 방법론이 절실한 우리의 정황에서, 하우어워스에게 (소종파 논란에 더하여) 교회됨을 위한 방법론이 없다는 반응이 나오는 것은 당연해 보인다.

3. 문시영, "하우어워스의 교회윤리로서의 사회윤리" 「기독교사회윤

리」20집 (한국기독교사회윤리학회, 2010), "하우어워스와 덕의 공동체로서의 교회"「기독교사회윤리」23집 (한국기독교사회윤리학회, 2012), "하우어워스의 윤리에 비추어 본 예배공동체로서의 교회"「한국기독교신학논총」79집 (한국기독교학회, 2012) 등을 참고하기 바란다.

4. Stanley Hauerwas, 『교회됨』, 30. 'the first task of the church is to be itself'

5. 배정훈, "기독교 자정능력으로서의 거룩의 발견"「기독교사상」47호 (대한기독교서회, 2003), 105-113.

6. 문시영, "니버의 사회윤리에 관한 공공신학적 해석"「기독교사회윤리」16집 (한국기독교사회윤리학회, 2008)을 참고하기 바란다.

7. Stanley Hauerwas, *Hannah's Child*, 225.

8. Stanley Hauerwas, *After Christendom?* (Nashville: Abingdon Press, 1991), 12.

9. 같은 책, 39.

10. 같은 책, 40. 예를 들어, 니버(Reinhold Niebuhr)는 아우구스티누스에 대한 현실주의적 읽기를 시도했지만, 아우구스티누스는 교회야말로 유일한 진정한 정치공동체라고 주장했다는 점을 간과해서는 안 된다는 것이 하우어워스의 관점이다. David Fergusson, *Community. Liberalism, and Christian Ethics*, 6-9, 64.

11. 같은 책, 39.

12. 퍼거슨(David Fergusson)은 하우어워스의 인식론적 상대주의 문제와 함께 교회의 사회적 책임을 강조해온 윤리와의 관계 등을 고려하여 균형있게 읽을 필요가 있다고 주장한다. 소종파적 위험의 문제에 대해서도 따끔하게 지적하면서, 하우어워스에게 성령론적 접근이 부족해 보인다고 말한다. David Fergusson, *Community. Liberalism, and Christian Ethics* (Cambridge: Cambridge University

Press, 1998), 6-9, 64. 하우어워스에 대한 긍정일변도의 해석에 문제가 있다고 말한 다음 글도 참고하기 바란다. 김현수, "스탠리 하우어워스의 교회윤리 비판적 읽기" 「기독교사회윤리」 21집 (한국기독교사회윤리학회, 2011).

13. Stanley Hauerwas, 'Why the "Sectarian Temptation Is a Misrepresentation: A Response to James Gustafson' in *The Hauerwas Reader*, 109.

14. Stanley Hauerwas, 『교회됨』, 한국어판 서문.

15. David Fergusson, *Community. Liberalism, and Christian Ethics*, 1.

16. Michael J. Sandel, *Justice: What's the Right Things to Do?* (New York: Straus and Girouxt, 2009), 225.

17. *Nicomachean Ethics*, 1132a13-20.

18. *Nicomachean Ethics*, 1131a1-9.

19. *Nicomachean Ethics*, 1132b32-34

20. 권창은, "아리스토텔레스의 정의관: 응징정의관을 중심으로", 「서양고전학연구」 10권, (한국서양고전학회, 1999), 34.

21. Mary M. Mackenzie, *Plato on Punishment*, 18. *권창은의 글 37면에서 재인용했다.

22. *Nicomachean Ethics*, 1129b14-19, 25.

23. 유호종, "응보주의 형벌론 검토", 「철학적 분석」, 5호 (한국분석철학회, 2002), 126.

24. *Nicomachean Ethics*, 1126a1-3

25. 권창은, "아리스토텔레스의 정의관: 응징정의관을 중심으로", 35.

26. Stanley Hauerwas, 『교회됨』, 265.

27. 같은 책, 271.

28. 같은 책, 141.

29. 같은 책, 141.

30. Stanley Hauerwas, *The Peaceable Kingdom,* 106-109.

31. Stanley Hauerwas, *Working With Words : On Learning to Speak Christian* (Eugine, OR: Wipf and Stock Publishers, 2011), 144.

32. Stanley Hauerwas, *A Cross-Shattered Church* (Grand Rapids: Brazos Press, 2009), 74.

33. Stanley Hauerwas and William H. Willimon, 『십계명』, 125.

34. Stanley Hauerwas and William H. Willimon, 『하나님의 나그네 된 백성』, 258.

35. Stanley Hauerwas, *Hannah's Child,* 255. 실제로 하우어워스는 텍사스 감리교인이지만, 가톨릭대학인 노트르담 대학에서 가르치기도 했고 루터교회에 출석했으며 현재는 성공회에 출석하고 있다.

36. Stanley Hauerwas, 『교회됨』, 65.

37. Stanley Hauerwas, *Character and the Christian Life* (Notre Dame: University of Notre Dame Press, 2001) reprinted ed., Introduction, v - vii.

38. Stanley Hauerwas and William H. Willimon, 『하나님의 나그네 된 백성』, 148.

39. Stanley Hauerwas, *Vision and Virtue : Essays in Christian Ethical Reflection* (Notre Dame: University of Notre Dame Press, 1974), 115.

40. Stanley Hauerwas and William H. Willimon, *Lord, Teach Us,* 이종태 역, 『주여, 기도를 가르쳐 주소서』(복있는 사람, 2006), 135.

41. Stanley Hauerwas, *The Peaceable Kingdom,* 110.

42. Stanley Hauerwas and Charles Pinches, *Christians among the Virtues : Theological Conversations with Ancient and Modern Ethics* (Notre Dame: University of Notre Dame Press, 1997), 108.

43. 같은 책, 109.

44. Stanley Hauerwas, *Christian Existence Today,* 96.

45. Joseph J. Kotva, Jr., *The Christian Case for Virtue Ethics* (Washington, D.C.: Georgetown University Press, 1996), 119-131.

46. Stanley Hauerwas, *Cross-Shattered Christ,* 신우철 역,『십자기 위의 예수』(새물결 플러스, 2009), 106.

47. Stanley Hauerwas,『교회됨』, 212.

교회를 사랑할 수 없는 윤리학자의
'교회됨'을 위한 모색

하우어워스의 『교회됨』과 함께 읽는 책

이 책은 하우어워스의 『교회됨』과 함께 읽는 책이다. 몇 해 전, 필자 나름의 어눌한 영어실력을 총동원하여 번역했던 『교회됨』(A Community of Character)의 이해를 돕기 위한 지침서인 동시에 그동안 하우어워스의 교회윤리에 관해 전문학술지에 게재했던 논문들을 주제별로 재분류한 종합편이기도 하다.

이 책에 사용된 필자의 논문들은 다음과 같으며, 각각의 논문들에서 관련된 부분을 주제별로 분류하여 종합하였음을 밝혀둔다.

- '웹 2.0의 시민사회와 소통하기 위한 교회의 윤리적 과제' 「기독교사회윤리」 18집 (한국기독교사회윤리학회, 2009)
- '하우어워스의 교회윤리로서의 사회윤리' 「기독교사회윤리」 20집 (한국기독교사회윤리학회, 2010)

- '하우어워스의 윤리에서 복음과 교회'「기독교사회윤리」21집 (한국기독
  교사회윤리학회, 2011)
- '하우어워스와 덕의 공동체로서의 교회'「기독교사회윤리」23집 (한국기
  독교사회윤리학회, 2012)
- '윤리적 자정의 관점에서 하우어워스 읽기'「기독교사회윤리」25집 (한국
  기독교사회윤리학회, 2013)
- '교회 안에서의 윤리, 교회 밖으로의 윤리'「성암사상연구」4권 (성암기독
  사상연구소, 2007)
- '하우어워스의 윤리에 비추어 본 예배공동체로서의 교회'「한국기독교신
  학논총」79권 (한국기독교학회, 2012)
- '공공신학의 교회, 교회윤리의 교회'「한국기독교신학논총」88권 (한국기
  독교학회, 2013)
- '공동체적 맥락에서 본 목회윤리와 덕의 문제'「장신논단」41권 (장로회신
  학대학교, 2011)
- '하우어워스의 교회됨의 성찰을 통해 본 기독교 덕 윤리의 의의'「대학과
  선교」23권 (한국대학선교학회, 2012)
- '교회 안에서의 윤리 - 교회윤리란 무엇인가?'〈목회와 신학〉2009. 3월호
  지상강좌
- '덕을 세우다의 윤리적 성찰'「김철영교수회갑기념논문집」(장로회신학대
  학교, 2008)
- '하우어워스, 덕성의 훈련장으로서의 교회 강조'〈국민일보〉2007.12.22
  일자
- 『복음대로 사는 윤리』(북코리아, 2009)
- 『덕을 세우는 윤리』(북코리아, 2009)

사실, 필자는 아우구스티누스와 라인홀드 니버에게 큰 관심을 가

지고 있었다. 기독교사회윤리의 중요성을 절감하면서 기독교의 사회적 책임에 대한 여러 주제들을 다루고 있던 차에, 스택하우스(Max L. Stackhouse)의 공공신학(public theology)과의 만남은 깊은 감명을 주었다. 여전히 이 분야 역시 관심영역인 것 또한 사실이다.

하우어워스에게 관심을 갖게 된 것은, 아이러니하게도 스택하우스의 공공신학에 대한 관심이 깊어지면서였다. 하우어워스의 교회윤리가 스택하우스의 공공신학과 라이벌 관계 혹은 카운터 파트라는 글을 읽은 후, 하우어워스에 대한 관심이 생겨난 셈이다.

이 책에서 다룬 '교회됨'이라는 문제의식은 하우어워스의 윤리에 대한 필자 자신의 해석이라 할 수 있다. 다만, 필자가 하우어워스가 강조하는 평화의 문제를 비롯한 몇 가지 주제들보다 교회의 교회됨에 집중한 탓에 하우어워스를 왜곡한 것은 아닐지 두려운 것 또한 솔직한 마음이다.

사실, 필자가 교회됨의 윤리를 말하는 것은 또 하나의 아이러니일 수 있다. 스택하우스에 대한 연구를 통해 하우어워스에게 관심을 가지게 된 것 자체가 아이러니이지만, 필자에게 교회됨의 윤리를 말하기에는 버겁고도 아픈 교회의 추억이 있음에도 불구하고 교회됨의 윤리와 소망을 말한다는 것 자체가 신기할 따름이다.

모두가 경제적으로 힘겨워 하던 시절, 엎친 데 덮친 격으로 도시교회의 후원조차 제대로 받지 못한 채 농촌교회를 위해 일생을 바친 가난한 목회자 가정에서 자라나야 했던 필자에게는 교회에 대한 기억이 좋을 수만은 없다. 특히, 굶주림과 궁색한 가난을 온몸으로 받아들여야 했던 날들은 그다지 떠올리고 싶지 않은 기억이다.

생각해보면, 교회로 인한 고난의 날들이었다. 국가의 복지제도를 탓하려는 것이 아니다. 이만큼 어려운 역경을 겪었노라고 만용을 부릴 마음도 없다. 필자가 겪은 아픔과 가난의 기억이 교회와 연관된 것 즉 교회적(ecclesial)인 것이라는 점을 말하고 싶을 따름이다.

솔직히, 부친의 목회는 결코 오늘의 기준에서 '성공적'이지 못했다. 항상 시골의 작은 교회에 부임했고 여러 곳을 옮겨 다녀야 했다. 어쨌든, 교회를 위해 헌신에도 불구하고 교회가 거둬주지 못한 탓에 겪어야 했던 가난함과 옹색함은 거의 '바닥' 수준이었다. 구구절절이 말해서 무슨 소용이 있겠는가. 분명히, 교회에 대한 필자의 경험과 기억 자체가 행복한 것은 아니었다.

그럼에도 불구하고, 필자는 여전히 교회를 말하고 교회됨을 강조하고 있다. '교회를 사랑할 수 없는 윤리학자의 교회됨을 위한 모색'이라는 변명으로 완벽하게 대신할 수 없는 아니러니이다. 아마도, 필자가 왜곡된 해석이라는 비판을 들으면서까지 하우어워스의 윤리를 '교회됨의 윤리'로 해석하고자 하는 이유는 이러한 배경과 무관하지는 않을 듯싶다. 바라기는, 부끄러운 이 책이 교회됨을 위한 그리스도인 모두의 고민이자 대안을 향한 모색의 거름이 되었으면 한다.

한국적 실마리, '덕을 세우다'

이 책에서 충분히 다루지 못한 부분 즉 하우어워스에 대한 한국적 반응들에 대해서는 이렇게 요약하고 싶다. '다양하다.' 하우어워스 자체에 무관심한 그룹도 있고, 관심을 가진 그룹에서조차 엇갈린 평가를 내놓고 있다. 그 중에는 하우어워스가 말하는 교회란 불가능한 것이라는 입장도 있고, 하우어워스의 관점이 본질으로 '미국 교회됨'의 논의에 그치는 것이라고 몰아세우는 경우도 있다.

과연, '한국 교회됨'이라는 것은 하우어워스와 무관한 것일까? 혹은 교회됨을 말하는 것 자체는 아무 의미도 없고 비현실적인 시도일 뿐인가? '미국 교회됨'을 넘어 우리의 맥락에서 읽어낼 부분은 전혀 없는 것일까? 하우어워스를 말하는 것은 현대 기독교윤리학자 한 사람에 대한 관심 이상의 의미를 부여할 수 없는 것일까?

오늘의 한국교회가 다른 어느 때보다 절실하게 교회됨을 요구받고 있다는 것 자체가 하우어워스의 한국적 읽기의 필요성을 반증해주고 있다. 하우어워스의 맥락이 '미국적'인 것은 분명하지만, 그의 문제의식을 미국의 교회만을 위한 것이라고 몰아세우기보다 한국적 응용을 모색해야 한다는 뜻이다. 말하자면, 하우어워스의 한국적 응용은 교회됨을 위한 모색의 하나이다.

예를 들어, 한글성경의 창의적인 번역어를 생각해보자. 앞질러 말하자면, '덕을 세우다'의 번역 자체가 한국적 적용일 듯싶다. 한국교회에 관용어로 사용된 '덕을 세운다는 것' 혹은 '건덕'(建德)이라는 표현은 우리에게 몇 가지 문제를 제기해준다. 교회 안에 발생하는 악행들과 불의에 대해 눈감아주고 대충 넘어가야 한다는 것인가? 권위주의적 질서를 옹호하고 위계질서에 무조건 순응하라는 것인가? 덕을 세운다는 것은 한국사회와 교회의 개혁을 말하기에 적합하지 않은 시대착오적 가치관에 불과한 것인가?

일반적으로, '덕'이란 '도덕성' '덕성'을 의미하기도 하며 일종의 '능력'을 뜻하기도 한다. 동서양을 막론하고 덕에 관한 논의는 윤리학의 주된 관심사에 속한다. 유가에서 말하는 덕(德)이나 희랍의 덕(άρετη) 역시 중요한 윤리적 성찰의 대상이었다. 공통점이 있다면, 덕을 일종의 능력으로 간주하는 경향이다. 영어의 '탁월성'(excellence)으로 옮겨지는 희랍의 덕 개념이 그렇고, 아시아적 가치관의 기저에 깔린 유가사상의 덕 역시 일종의 도덕적 능력을 의미한다고 볼 수 있다.

덕에 관한 언급은 성경에도 나타난다. 가장 대표적인 것이 '덕을 세우다'는 한글번역이다. 사전적 용례를 보면, '덕을 세우다'의 항목보다 명사로서의 '덕'(德)과 '덕스럽다'의 형용사로 찾는 것이 쉽다. 국어사전은 덕을 도덕적 윤리적 이상을 실현해 나가는 인격적 능력 또는 공정하고 남을 넓게 이해하고 받아들이는 마음이나 행동이라고 풀이하고 있으며, '보기에 어질고 너그러운 데가 있다'는 뜻으로 형용사 '덕스럽다'를 설명해 주는 것이라 할 수 있다.[1]

'덕을 세우다'는 국어사전보다 바울서신을 통해 이해되어야 한다. 바울서신에서 '덕을 세우다'의 표현은 일종의 관용구이다. 그 사용횟수나 용례를 찾는 단순작업을 통해서도 이 점은 충분히 짐작할 수 있을 정도이다.[2] 특히 고린도서신에는 덕에 관한 권면이 두드러진다. 고린도교회의 개척자인 바울에게 들려온 문제상황들은 복잡하고 심각했다. 여러 문제들에 관한 바울의 해법은 그의 목회적 관심과 어우러져 덕에 관한 공동체적 윤리로 나타난다.[3]

물론, 바울서신에만 덕에 관한 언급이 나타나는 것은 아니다. 베드로서신에서 우리는 덕에 관한 표현들을 볼 수 있다.[4] 특이한 점은 베드로서신에서도 '덕'을 말하기는 하지만, '덕을 세우다'의 형태는 아니라는 점이다. 바울서신에서도 '덕을 세우다'의 형태가 아닌 경우가 있다. 빌립보서의 한 절에는 윤리학에서 말하는 덕($\dot{\alpha}\rho\epsilon\tau\eta$)이 명시되어 있다.[5]

이 구절에서 덕에 관한 희랍철학적 뉘앙스가 어느 정도 묻어 나오기는 하지만, 대부분의 경우, 특히 고린도교회의 윤리적 문제들에 관한 바울의 해법은 윤리학의 그것과 다른 용어로 사용된다. 덕을 언급하는 바울의 문장은 대부분 '세우다'(edify, build up 또는 benefit, strengthen이 되는 경우도 있음)라는 용어를 사용한다.

엄밀히 말해 '덕을 세우다'는 말은 '건축하다' 혹은 '일으켜 세우다'의 뜻이지만, 우리말 성경에서는 '집을 짓다'라는 문자적인 뜻보다 '덕을 세우다'의 뜻으로 의역된다. 그리고 덕의 개념은 동서양의 윤리학이 말하는 도덕적 능력 또는 탁월성의 개념을 확장하여 개인의 성품에 관한 이야기를 넘어 공동체적 윤리를 제안하는 통로로 사용되고 있는 셈이다.

바울윤리 연구의 대가인 퍼니쉬(V. P. Furnish) 역시 이 부분을 바울의 공동체적 관심이라 해석한다.[6] 퍼니쉬에 따르면, 바울의 윤리에는 도덕적 행위자 개인의 악행을 강조하는 헬레니즘 세계의 일반적 지침들과는 달리 공동체 생활을 위한 지침들이 들어 있다. 바울은 교회공동체를 성령이 거하시는 하나님의 집($\theta\epsilon ov$ $oi\kappa o\delta o\mu\eta$ 고전3:9)이라고 이해하였고 신앙인을 가정의 식구(갈6:10)로 간주했으며 공동체를 위한 윤리로 덕을 세우라고 권한다. 아마도 바울은 '덕을 세우다'를 신앙공동체로서 교회생활을 위한 윤리의 중심이라고 이해한 것 같다.[7]

특히 공동체에 속한 구성원들의 행위가 전체 공동체에 어떤 영향을 줄 것인가에 대해 바울의 관심이 지대했다. 예를 들어, 우상의 제물로 바쳐진 고기를 먹을 것인가 말 것인가 하는 것은 그 행위가 형제들에게 어떤 영향을 줄 것인지 생각하여 결정해야 한다. 신앙인의 삶과 행위는 개인의 결단에 의한 것이 아니라 항상 그리스도 안에 함께하는 형제들 속에서, 형제들과 더불어, 형제들을 위하여 이루어지는 것이기 때문이다. 신앙인의 윤리는 선과 악에 관한 개념적 선택이 아니라 공동체 전체의 덕을 이루기 위해 선이 되는 것을 선택하고 행하는 것이라고 보았던 것이다.[8]

바울이 제시한 윤리적 사례들을 살펴보면 그의 공동체적 관심의 정체가 무엇인지 더 분명해진다. 가령 고린도전서에 등장하는 다양한 윤리적 예항들, 즉 근친상간의 문제(5:1-13), 교인간의 경제적 이해관계로 세상법정에 소송을 제기한 사건(6:1-11), 또한 결혼과 이혼의 문제(7:1-16), 자유인과 노예의 신분이 교회 안에서 해소되어야 하는 방식(7:17-24), 그리고 미혼자와 과부의 처신문제(7:25-40) 등 구체적인 예항들 속에 교회공동체를 위한 윤리의 관심이 잘 나타나 있다.

이러한 구절들에서, 바울은 그리스도의 몸인 교회의 지체들을 손상시키고 공동체를 그릇된 길로 이끄는 것들을 가리켜 악행이라고 간주했고 공동체의 가치를 선양하는 선한 일들을 적극 권면한다. 이러한 교회공동체를 위한 덕목들 중에서 가장 중요한 덕목은 사랑(Agape)이며, 그리스도 중심의 윤리라고 할 수 있다. 우리가 아는 것처럼, 기독교윤리에 있어서 이상적인 인간상은 예수 그리스도에게

있으며, 신앙인은 그리스도의 장성한 분량에 이르기까지 성장해야 하는 과제를 안고 있다.(엡4:15)

이러한 그리스도 중심의 윤리는 바울에게 있어서 진공상태에 적용되는 이념적 원리가 아니라 구체적인 실천의 현장을 배경으로 한다. 교회가 그것이다. 바울에게 있어서 구원의 공동체인 그리스도의 교회는 새로운 존재의 공동체이다.

그리고 이러한 은혜공동체로서의 교회에 덕을 세우는 것은 우리 자신에 대한 관심을 포기하고 다른 사람을 위해 살아갈 때 이루어진다.[9] 물론, 세상을 향하여 이웃을 향하여 그리스도 중심의 윤리가 적용되어야 하겠지만 무엇보다도 교회공동체에서 구현되어야 한다는 의미이다.

그리고 '덕을 세우다'는 그 용법상 바울서신에서 '세움'이라는 단어는 '흩트림', '분열시킴' 등 '세움'의 저해요소에 반대되는 의미로 사용되었음을 볼 수 있다. 즉 '강하게 하고, 일치시키며, 결속력을 강화시키는 것'의 의미로 사용되고 있다. 이렇게 본다면, 덕을 세운다는 것은 교회의 강화 및 일치와 연합, 그리고 성장을 위한 행위를 지칭하는 것인 동시에 '전체를 조화 있게 하나로 만드는 것'이라는 뜻으로 볼 수 있겠다.

교회됨을 위한, '덕을 세우다'

덕분(德分), 덕택(德澤), 은덕(恩德), 그리고 덕장(德將), 학덕(學德)과 같은 표현들을 보면, 아시아적 가치관에 있어서 '덕'이 차지하는 단면을 엿볼 수 있다. 일상어법에서 발견하는 덕스러움에 관한 이야기들은 한국인의 의식에 깊게 뿌리내린 가치관이다. 심지어 산수(山水)를 비롯한 자연에서도 덕스러움을 찾아낼 정도로 아시아적 가치관에 있어서 덕은 매우 중요한 의의를 지닌다.

나아가 윤리학에서 미덕(美德, virtue)과 악덕(惡德, vice)을 구분하는 것은 개별 행위들에 관한 판단은 물론이고 행위자에 관한 평가, 즉 덕스러운 사람 혹은 됨됨이가 바른 사람이라는 평가적 의견에서도 중요한 몫을 한다. 덕에 관한 이야기는 한국인의 의식에 익숙할 뿐 아니라 윤리적 평가의 기준으로 작용하고 있는 셈이다. 이렇게 본다면, 한글성경에서 바울서신의 '세우다'를 '덕'과 연관 짓는 것은 지극히 자연스러운 것인지 모른다. 한국교회에서 '은혜롭게 하자' 혹은 '건덕(建德)상의 문제' 등등의 용어가 일상적으로 통용되는 것도 이러한 배경에서 충분히 이해될 수 있는 대목이다. 어찌 보면, '덕을 세우다'는 '덕'과 '세우다'의 합성어이지만 창의적 번역어일 수 있다는 생각이 들기도 한다. 번역 자체가 한국적 적용인 셈이다.

문제는 '덕을 세우다'의 표현이 부정적으로 평가되는 경우들이 많아지고 있다는 점이다. '덕스럽게 하자' 또는 그와 유사한 의미로 사용되는 '은혜롭게 하자'는 말은 적당한 타협과 권위주의적 체제를 온존하자는 사람들의 시대착오적인 소리로 치부되기 쉽다. 그렇다면, 덕을 말하는 것 자체가 잘못이라는 뜻일까? 새로운 성경번역으로 해소될 수 있는 문제일까? 그렇지 않다. 번역의 수정으로 해결될 일이 아니라 덕의 참 뜻을 회복하고 성숙한 교회윤리를 구현하는 데에서 해법을 찾아야 한다.

'덕을 세우다'의 번역에 나타난 아시아적 가치관에 대해 살펴볼 필요가 있다. 사실 번역과정에 의도적으로 '덕을 세우다'를 넣은 것이라고 볼 수 있는 면이 없지 않지만, 필자가 보기에는 덕에 관한 아시아적 가치관이 반영된 것이라 말하는 편이 나을 듯싶다. 게다가 성경번역을 넘어 덕에 관한 가르침을 당연하게 받아 들여 한국교회의 독특한 언어와 문화로 수용하였다는 것 역시 고려할 부분이다. '덕을 세우다'에는 이 모든 요소들이 복합적으로 얽혀 있는 셈이다.

어떻게 보면, '덕을 세우다'에 대한 한국교회의 기존의 관심들은 유교의 영향에서 자유로울 수 없다. 유교의 윤리를 옹호하자는 것이 아니라 바울서신에서 말하는 '덕을 세우다'의 참 뜻을 아시아적 가치관과 연관 지어 재조명함으로써 본래적 의의를 찾아내자는 취지이다.

유교의 영향이 권위주의로 나타나고 교회지상주의로 표현되는 것은 분명히 문제이지만, 아시아적 가치관의 바탕이 되는 유교의 영향은 아마도 한국교회로 하여금 '덕을 세우다'를 어색하지 않은 윤리적 권면으로 인식시키는 촉매가 되었을 것이다. 덕의 중요성을 강조하는 유가사상의 영향은 결과적으로 바울서선의 번역에 '덕을 세우다'는 형태로 적용되었을 가능성이 있다.

문제는 '어떤 덕인가?'에 있다. 바울서신의 번역어로 사용된 덕은 분명 유가철학의 그것일 수 없다. 그것은 근본적으로 인간의 자기계발을 통해 얻을 수 있는 것이 아니며, 공로주의적 색채를 배제한다. 이 점에서, 덕에 관한 종교개혁자들의 관점을 참고할 필요가 있다. 종교개혁 전통에서 덕에 관한 논의는 자칫 공로주의적 의혹을 받기 쉽다. 루터는 덕에 관해 부정적이었다. 루터에 따르면, 아리스토텔레스의 윤리는 의도적으로 훈련된 의로움(consciously cultivated righteousness)일 뿐이다.[10] 덕에 관한 이야기가 공로주의적 관점으로 등식화되기 쉬운 원인이 여기에 있다.

그러나 이것은 개혁전통에 관한 편협한 이해에 이르게 하는 것이기 쉽다. 개혁자들이 반대한 것은 바리새적 공로주의이지 덕 그 자체는 아닐 것이기 때문이다. 루터는 우리의 신앙이 행위의 문제를 면제시켜주는 것이 아니라 행위에 대한 잘못된 견해에서 해방시켜주는 것으로 생각했던 듯싶다. 말하자면, 우리가 질문해야 하는 것은 덕의 윤리에 대한 바리새적 경향성 내지는 위험성의 문제이다. 이점에 관해 렘지(P. Ramsey)는 기독교윤리의 저변에 흐르는 바리새주의(Pharisaism)의 위험성에 대한 강력한 반론을 간과해서는 안 된다고 말한다. 그 위험성이란 선 그 자체에 대한 관심 보다 선행에 대한 자기주장을 비판하는 경향이다.

종교개혁자들의 입장은 덕에 대한 근본적인 반대나 매도가 아닌 듯싶다. 오히려 종교개혁의 대상이 되었던 덕에 대한 공로주의적인 채색을 문제 삼은 것이라 하겠다. 만일 필자의 관점이 타당하다면, 덕에 대한 관심을 기독교윤리학의 중요한 전통의 하나로 해석할 여지가 있어 보인다. 특히 현대 기독교윤리학에서 새롭게 재론되고 있는 덕의 윤리에 관한 논변과 연관 지을 수 있는 가능성 또한 높아진다.

한국적 맥락에서, '덕을 세우다'는 바리새적 공로주의의 위험성과 공동체주의적 덕성함양의 필요성 사이에서 고민해야 할 문제일 수 있다. 교회 안에 나타나는 부정적 의미의 유교적 잔재들, 인사예

절이나 패션만 보고 젊은이들의 모든 것을 평가하려는 것이나 중직자로 장립을 받은 후 마치 공동체의 유지(有志) 또는 원로(元老)가 된 것처럼 착각하여 성도들 위에 군림하려 한다면 이는 바울의 공동체적 덕목과는 거리가 먼 행태들이라고 해야 마땅할 것이다.

더구나, 신앙인들이 자신의 신앙연조를 자랑하거나 자기의(self-righteousness)를 세우는 경우라면 그것은 덕스러움의 범위에 포함되는 것이 아니라 신앙인의 악덕에 포함시켜야 할 것이다. 오히려 신앙의 연조가 깊고 남을 지도해야할 수준에 오른 사람일수록 새로운 공동체 멤버들을 위해 자신을 낮추고 봉사하는 모습을 보이는 것이야말로 '덕을 세우다'를 실천에 옮기는 것이 될 수 있겠다.

나아가 자기희생을 통해 교회공동체와 신앙인들에게 선한 영향을 줄 수 있어야 한다. 바울은 심지어 하나님의 일을 무너지게 하거나 형제를 실족하게 하느니 차라리 자신의 자유를 희생하는 것이 낫다고 보았다. 바울이 말하는 공동체적 관점은 도덕적 의미에서의 탁월한 인격을 가진 덕스러운 인물의 배려를 요청하는 것이 아니라 은혜중심성이라는 근본적인 탁월성을 전제하는 것이기 때문이다.

뱅크스(R. Banks)는 이러한 바울적 관점을 공동참여와 공동책임이라는 틀에서 설명하기도 한다. 그에 따르면, 바울의 공동체는 고대 그리스의 폴리스 형태나 여타의 친교모임과는 달리 그리스도를 중심으로 하는 일종의 가족공동체와도 같은 모임이다. 그리고 교회공동체의 구성원 모두에게는 공동체의 성장과 유지 및 운영을 위한 공동참여와 공동책임이라는 윤리적 과제가 부여되었다고 볼 수 있다.[11] 이러한 의미에서, 한글성경에 '덕을 세우다'로 번역된 바울의 윤리는 권위주의를 비롯한 봉건적 잔재를 정당화시키는 것이 아니라 공동체를 위한 관심과 배려, 그리고 책임의 구현이라고 재해석되어야 할 것이다.

어떻게 보면, '덕을 세우다'는 자연인으로서 개인의 인격성숙이나 도덕성 함양을 위한 것이라기보다 은혜로 부르심을 받은 복음적 공동체인 교회공동체의 유지와 보존, 성숙을 위한 행위를 선택하는 일종의 배려라고도 할 수 있겠다. 비록 한 사람의 행위가 자신에게는 아무런 거리낌이 없는 것이라 하더라도 미성숙의 상태에 있거나 교회문화에 익숙하지 못한 상태인 다른 구성원들을 포함하여 교회공동체 구성원들을 위해 스스로 절제하며 오해의 소지를 최소화하려는 노력이라고 볼 수 있겠다.

이러한 의미에서, '덕을 세우다'는 공로주의와 공동체주의 사이에 놓인 민감한 윤리적 문제일 수 있다. 덕에 대한 강조는 바리새적 공로주의에 흐르기 쉬운 동시에 교회공동체를 위한 윤리적 대안이 될 수 있다. 덕에 대한 관심이 성경적 관점을 벗어나 권위주의에 매몰되면 공로주의가 되고 말 것이다. '덕을 세우다'의 권면은 성경적이고 은혜중심적인 가치관에 합당한 윤리로 자리 잡을 때 비로소 교회를 위한 의미 있는 공동체주의로 자리매김 할 수 있을 것이다.

바람직한 것은 교회라는 공동체적 배경을 가진 바울의 윤리를 성숙한 윤리로 구현하기 위해 교회 안에서 덕의 윤리를 구현하여 아름다운 이야기가 있는 공동체로 만들어 가는 노력이 구체화되는 것이다. 이것은 교회를 덕성함양의 장으로, '아름다운 이야기가 있는 공동체'로 만들어 가는 공동의 노력이 절실하다는 의미이다.

따라서 복음이라는 아름다운 이야기가 중심이 되고 봉사와 헌신을 통한 치유와 성숙의 이야기들이 풍요롭게 구현되는 교회됨을 실천하는 것이야말로 '미담'(美談)을 잃어가는 현대사회에 한국교회가 기여할 수 있는 가장 바람직한 윤리적 대안이 될 것이다. 그것이야말로 하나님께서 기뻐하실 교회의 교회됨을 위한 첩경이라는 점 또한 간과해서는 안 될 것이다.

이 책은 필자가 여러 학술지에 게재했던 논문들을 묶어낸 것이기는 하지만, 단행본으로 출판하는 과정이 간단하지는 않았다. 새 책을 집필하는 듯싶었다. 주제별로 내용을 재분류하고 하우어워스의 요점을 부각시키기 위해 삭제·이동·추가 등 교정을 여섯 번이나 거쳤지만, 만족스럽지는 않다. 까다로운 작업을 감내해주신 북코리아 이찬규 사장님께 감사의 뜻을 전하고 싶다.

또한, 성실함 외에는 보잘것없는 필자를 변함없이 격려하고 후원해주시는 예수소망교회 곽요셉 목사님을 비롯한 '새세대 교회윤리연구소'(NICE) 후원교회 목사님들께 진심으로 감사를 드린다. 모쪼록 이 책이 은혜중심의 윤리를 지향하는 우리 연구소의 취지를 잘 반영하는 것이 되기를 바란다.

시민이 원하는 교회가 주께서 원하시는 교회인 것은 아니다. 더욱이 교회에 대한 안티와 비판이 혼재된 오늘의 정황에서, 교회를 비판하고 '세상 법'에 호소하는 것이 교회개혁의 능사는 아니다. 바라기는, 이 책이 '교회됨을 통한 교회개혁'이라는 윤리적 아젠다를 제안했다는 점에서 교회비판 이외의 교회개혁에 대한 비전을 보여주는 계기가 되기를 기대해 본다. *긍휼은 심판을 이기느니라.(약2:13)

2013 여름,
한국교회의 교회됨을 소망하면서

1. 네이버 국어사전(www.naver.com)을 참고하였음.

2. 일반적으로 찾아 볼 수 있는 성경분문들 중에서 다음의 성구들이 대표적인 것들이다.

   - 이러므로 우리가 화평의 일과 서로 **덕을 세우는 일**(τῆς οἰκοδομῆς)을 힘쓰나니(롬14:19),

   - 우리 각 사람이 이웃을 기쁘게 하되 선을 이루고 **덕을 세우도록**(πρὸς οἰκοδομήν)할찌니라(롬 15:2),

   - 무릇 더러운 말은 너희 입 밖에도 내지 말고 오직 **덕을 세우는 데**(πρὸς οἰκοδομήν) 소용되는 대로 선한 말을 하여 듣는 자들에게 은혜를 끼치게 하라(엡4:29),

   - 그러므로 피차 권면하고 피차 **덕을 세우기를**(οἰκοδομεῖτε) 너희가 하는 것 같이 하라(살전5:11)

3. 고린도서신을 집중적으로 살펴보면, 다음과 같은 여러 경우들을 찾아 볼 수 있다.

- 우상의 제물에 대하여는 우리가 다 지식이 있는 줄을 아나 지식은 교만하게 하며 사랑은 **덕을 세우나니**(*οἰκοδομει*)(고전8:1),

- 모든 것이 가하나 모든 것이 유익한 것이 아니요 모든 것이 가하나 모든 것이 **덕을 세우는 것** (*οἰκοδομει*)이 아니니(고전10:23),

- 그러나 예언하는 자는 사람에게 말하여 **덕을 세우며**(*οἰκοδομήν*) 권면하며 안위하는 것이요 방언을 말하는 자는 자기의 **덕을 세우고**(*οἰκοδομει*)예언하는 자는 교회의 **덕을 세우나니**(*οἰκοδομει*) 나는 너희가 다 방언 말하기를 원하나 특별히 예언하기를 원하노라 방언을 말하는 자가 만일 교회의 **덕을 세우기**(*οἰκοδομήν*)위하여 통역하지 아니하면 예언하는 자만 못하니라(고전14:3-5),

- 그러면 너희도 신령한 것을 사모하는 자인즉 교회의 덕 세우기를 위하여(*πρὸς τήν οἰκοδομήν*) 풍성하기를 구하라(고전14:12),

- 너는 감사를 잘하였으나 그러나 다른 사람은 덕 세움(*οἰκοδομειται*)을 받지 못하리라(고전14:17),

- 그런즉 형제들아 어찌할꼬 너희가 모일 때에 각각 찬송시도 있으며 가르치는 말씀도 있으며 계시도 있으며 방언도 있으며 통역함도 있나니 모든 것을 **덕을 세우기 위하여**(*προς οἰκοδομήν*) 하라(고전14:26),

- 이때까지 우리가 우리를 너희에게 변명하는 줄로 생각하는구나. 우리가 그리스도 안에서 하나님 앞에 말하노라 사랑하는 자들아 이 모든 것은 너희의 **덕을 세우기 위함**(*ιπερ της οἰκοδομης*)이니라(고후12:19).

4. 베드로서신에서 찾아볼 수 있는 성구들은 다음과 같다.

- 오직 너희는 택하신 족속이요 왕 같은 제사장들이요 거룩한 나라요 그의 소유된 백성이니 이는 너희를 어두운데서 불러내어 그의 기이한 빛에 들어가게 하신 자의 아름다운 **덕**(*τάς ἀρετάς*)을 선전하게 하려 하심이라(벧전2:9),

- 이러므로 너희가 더욱 힘써 너희 믿음에 덕(*τήν ἀρετήν*)을, 덕(*τῇ ἀρετη*)에

지식을, 지식에 절제를, 절제에 인내를, 인내에 경건을, 경건에 형제 우애를, 형제 우애에 사랑을 공급하라(벧후1:5-7).

5. 종말로 형제들아 무엇에든지 참되며 무엇에든지 경건하며 무엇에든지 옳으며 무엇에든지 정결하며 무엇에든지 사랑할만하며 무엇에든지 칭찬할만하며 무슨 덕(ἀρετη)이 있든지 무슨 기림이 있든지 이것들을 생각하라(빌4:8).

6. Furnish, V. P., 김용옥 역, 『바울의 신학과 윤리』(대한기독교출판사, 1994), 85.

7. 같은 책, 257.

8. 같은 책, 256.

9. 같은 책, 257.

10. Ramsey. P., *Basic Christian Ethics* (The Univ. of Chicago Press; 1980), 191.

11. Banks. R., 장동수 역, 『바울의 그리스도인 공동체 사상』(도서출판 여수룬, 1995), 205-222.

Hauerwas, Stanley, *Vision and Virtue : Essays in Christian Ethical Reflection,* (Notre Dame, IN : University of Notre Dame Press, 1974)

______, with Bondi, Richard. and Burrell, David. *Truthfulness and Tragedy : Further Investigations into Christian Ethics.* (Notre Dame, IN : University of Notre Dame Press, 1977)

______, *Character and the Christian Life: A Study in Theological Ethics with new Introduction* (Notre Dame, IN : University of Notre Dame Press, 1985)

______, *Christian Existence Today: Essays on Church, World, and Living in Between* (Durham NC, Duke University Press, 1988)

______, and Charles Pinches, *Christians among the Virtues : Theological Conversations with Ancient and Modern Ethics,* (Notre Dame, IN : University of Notre Dame Press, 1997)

______, *After Christendom? : How the Church Is to Behave If Freedom, Justice, and a Christian Nation Are Bad Ideas* (Nashville, TN : Abingdon Press, 1999)

______, *Performing the Faith: Bonhoeffer and the Practice of Nonviolence* (Grand Rapids MI : Brazos Press, 2004)

______, ed. by John Berkman and Michael Cartwright, *The Hauerwas Reader* (Durham, NC : Duke University Press, 2005)

______, *The Peaceable Kingdom: A Primer in Christian Ethics* (Notre Dame, IN : University of Notre Dame Press, 2006)

______, and Wells, Samuel. ed., *The Blackwell Companion to Christian Ethics.* (Malden, MA : Blackwell Publishing, 2006)

______, *A Cross Shattered Church : Reclaiming the Theological Heart of Preaching* (Grand Rapids MI : Brazos Press, 2009)

______, *Hannah's Child : A Theological Memoir* (Grand Rapids MI : W. B. Eerdmans Pub. Co., 2010)

______, and Barnhart, Jason. *Sunday Asylum : Being The Church in Occupied Territory.* (www. thehousestudio.com, The House Studio and The Work of the People, 2011)

______, *Working With Words : On Learning to Speak Christian,* (Eugine OR : Wipf and Stock Publishers, 2011)

______, *A Community of Character: toward a constructive Christian Social Ethics* (Notre Dame, IN: University of Notre Dame Press, 1981) 문시영 역, 『교회됨』(북코리아, 2010)

______, and William H. Willimon, *Lord, Teach Us,* 이종태 역, 『주여, 기도를 가르쳐 주소서』, (복있는 사람, 2006)

______, and William H. Willimon, *The Truth about God,* 강봉재 역, 『십계명』, (복있는 사람, 2007)

______, and William H. Willimon, *Residnet Aliens,* 김기철 역, 『하나님의 나그네 된 백성』, (복있는 사람, 2008)

______, *Cross-Shattered Christ,* 신우철 역, 『십자기 위의 예수』, (새물결 플러스, 2009)

Stackhouse, Max L. *Creeds, Society and Human Rights : A Study in Three Cultures.* (Grand Rapids, MI : Eerdmans Pub. Co., 1984)

______, ed. *Christian Social Ethics in a Global Era* (Abingdon Press, 1995)

______, *Covenant and Commitments: Faith, Family, and Economic Life* (Westminster John Knox Press, 1997)

______, *Public Theology and Political Economy.* (Lanham, MD : University

Press of America, 1991)

_______, Tim Dearborn, and Scott Peath, ed., *The Local Church in a Global Era,* (Grand Rapids, MI : Eerdmans Publishing, 2000)

_______, ed. *The Local Church in a Global Era: Reflections for a New Century* (Wm. B. Eerdmans Pub. Co., 2000)

_______, 'What is Publc Theology? : An American Christian View' (미간행 강연 원고, 새세대 교회윤리연구소, 2007초청강연)

Byron, Anderson and Bruce, Morril T., *Liturgy and the Moral Self: Humanity at Full Stretch Before God.* (Collegeville MN : The Liturgical Press, 1998)

David Fergusson, *Community, Liberalism, and Christian Ethics* (Cambridge : Cambridge University Press, 2004)

Gill, Robin, *Churchgoing and Christian Ethics* (Cambridge : Cambridge Universuty Press, 1999)

Guroian, Vigen, *Ethics after Christendom: Toward an Ecclesial Christian Ethic* (Eugine, OR : Wipf and Stock Publishers, 1994)

Herdt, Jennifer A., *Putting on Virtue: The Legacy of the Splendid Vices* (Chicago IL : University of Chicago Press, 2008)

Jones, L. Gregory, *Transformed Judgment: Toward a Trinitarian Account of the Moral Life* (Notre Dame IN : University of Notre Dame Press, 1990)

Kotva, Jr., Joseph J., *The Christian Case for Virtue Ethics*, 문시영 역,『덕 윤리의 신학적 기초』(긍휼, 2012)

Migliore, Daniel D. *Faith Seeking Understanding.* (Grand Rapids, MI : Eerdmans Publishing, 1998)

Mudge, Lewis S, *The Church as Moral Community : Ecclesiology and Ethics in Ecumenical Debate.* (New York : Continuum Publishing

Group, 1998)

문시영, 『복음대로 사는 윤리』(북코리아, 2009)

———, 『덕을·세우는 윤리』(북코리아, 2009)